W0001326

WAS SOLL ICH MIR WÜNSCHEN,
WENN ICH NICHT WEISS, WAS ICH WILL?

Thomas Brezina:
Was soll ich mir wünschen,
wenn ich nicht weiß, was ich will?

Alle Rechte vorbehalten

© 2023 edition a, Wien
www.edition-a.at

Lektorat: Maximilian Hauptmann
Cover & Illustrationen: Feli Thun
Satz: Lucas Reisigl

Gesetzt in der Premiera
Gedruckt in Europa

1 2 3 4 5 — 27 26 25 24 23

ISBN 978-3-99001-634-3

Thomas Brezina

WAS SOLL ICH MIR WÜNSCHEN

... WENN ICH NICHT WEISS, WAS ICH WILL?

Eine Erzählung

edition a

Was soll ich mir wünschen,
wenn ich nicht weiß, was ich will?

Wie soll ich mich fühlen,
wenn ich nicht weiß, wer ich bin?

Wie soll ich leben,
wenn ich nicht weiß,
was der Sinn meines Lebens ist?

1

Als ich im strömenden Regen aus dem Taxi stieg und innerhalb von Sekunden bis auf die Haut durchnässt war, verfluchte ich alles, was ich jemals über „erfolgreiches Wünschen" und „Lebe deinen Traum!" gehört hatte.

Wunschträume sollten mit einer Bedienungsanleitung kommen, die Warnhinweise enthält, dachte ich grimmig. Oder mit einer Packungsbeilage wie Medikamente, in der auf unerwünschte Nebenwirkungen aufmerksam gemacht wird.

Ich hatte seit Jahren einen großen Traum.

Jeden Tag hatte ich mir ausgemalt, wie wunderbar ich mich fühlen würde, ginge er erst in Erfüllung. Ich visualisierte den Traum, wie das in der Sprache der Lebenshelfer so schön heißt.

Nun war es so weit. Mein Traum wurde Wirklichkeit. Und Stück für Stück verwandelte er sich in den größten Albtraum meines Lebens.

Hinter mir lagen mehr als 34 Stunden Flug. Die meiste Zeit war ich eingequetscht zwischen Leuten gesessen, die besser zwei Sitze hätten buchen sollen, schreienden Babys und einem Herrn, der unter heftigen Blähungen litt, was für alle deutlich zu riechen war.

Vor mir lag nun die letzte Etappe meiner Reise: ein Flug in einer sicherlich erschreckend kleinen Maschine zu der Insel, auf die ich mittlerweile gar nicht mehr wollte.

Der Fahrer des Taxis, das mich zu dem kleinen Flughafen gebracht hatte, war im Wagen sitzen geblieben und hatte es mir überlassen, mein Gepäck aus dem Kofferraum zu hieven. Geduckt, den Kopf zwischen den Schultern eingezogen, legte ich die paar Meter zu einem flachen Gebäude zurück. Hinter mir hörte ich das Taxi davonfahren.

Es war früher Abend, aber bereits stockfinster. Neben dem Eingang brannte eine einsame Lampe. Zum Glück gab es ein Vordach, unter dem ich ein wenig Schutz vor dem Regen fand. Die Tropfen hatten die Größe von Pingpongbällen. Ich zog die Tür auf und betrat das Gebäude.

Der kahle Raum vor mir wurde von ein paar Neonröhren mehr schlecht als recht erhellt. Eine Reihe von Plastikstühlen stand auf einer Seite, an der Wand hing schief das Logo der Insel-Airline. Ich war allein hier.

Laut Buchung sollte der Abflug in einer halben Stunde erfolgen. Ich war die ganze Fahrt im Taxi wie auf Nadeln gesessen, weil ich Angst gehabt hatte, den Flug zu verpassen und einen Tag auf den nächsten warten zu müssen.

Auf der anderen Seite des Raumes befanden sich eine Tür und ein Fenster, das beinahe die gesamte Wand einnahm.

Nachdem ich Koffer und Reisetasche abgestellt hatte, ging ich hin, drückte mich dicht an die Scheibe und schirmte meine Augen mit den Händen ab. Draußen war es zu dunkel, um etwas zu erkennen. Die Tür war abgesperrt und ließ sich nicht öffnen.

Mir kamen Zweifel, ob ich hier richtig war.

Meine Augen brannten und ich war zum Umfallen müde. Also ließ ich mich auf einen der Stühle sinken und holte mein Handy aus der Schultertasche.

Keine Nachricht. Enttäuscht steckte ich es zurück.

„Ist hier frei?"

Ich sah erschrocken auf.

2

Vor mir stand eine zarte ältere Frau in kurzen Kakihosen und einem blauen Hemd mit aufgekrempelten Ärmeln. Ihr Gesicht hatte etwas Puppenhaftes. Sie deutete auf die Stühle. „Ist hier frei?"

„Ja, natürlich."

Sie nickte dankend, nahm ihren Rucksack ab und setzte sich.

„Kommen Sie von draußen?", fragte ich und deutete zur Eingangstür. Ich hatte nicht gehört, wie sie aufgegangen war.

Sie nickte. Aus ihrem Rucksack zog sie eine Art Decke. Da es schwül im Raum war, verstand ich zuerst nicht, was sie damit vorhatte. Erst als sie sich ein paar bunte Stoffflicken auf die Knie legte und aus einer kleinen Schachtel Nadel und Faden nahm, erkannte ich, dass sie einen Quilt nähte.

„Haben Sie auch die 19:10-Uhr-Maschine gebucht?", wollte ich wissen.

„Sie meinen den ‚Ungefähr irgendwann nach sieben Uhr'-Flug?", antwortete die Frau, ohne von ihrer Arbeit aufzusehen.

„Auf meinem Ticket steht 19:10 Uhr", beharrte ich.

„Nehmen Sie das nicht so genau."

Man hatte mich gewarnt, dass auf den Inseln die Uhren anders gingen.

„Kommt die Maschine also nicht pünktlich?", hakte ich nach.

„Nie. Heute schon gar nicht. Es regnet zu stark. Aber der Regen hört bestimmt bald auf."

Wir schwiegen eine Weile. Sie nähte, ich sah ihr dabei zu. Die Stille war mir unangenehm. Aus einem mir unerklärlichen Grund kam mir die Frau bekannt vor.

„Wohnen Sie auf der Insel? Oder besuchen Sie jemanden?", fragte ich, um das Schweigen zu brechen.

„Keins von beiden."

Sie erklärte mir nicht, was das bedeuten sollte, und ich wollte nicht allzu neugierig erscheinen. Wieder sagten wir eine Weile nichts.

Die nasse Kleidung klebte an meiner Haut. Deshalb öffnete ich meine Reisetasche und kramte ein T-Shirt und Shorts heraus. Ich ging an einen Platz, an dem mich die Frau nicht sehen konnte, und zog mich schnell um.

„Weshalb besuchen Sie die Insel?", wollte sie wissen, als ich zurückkam.

„Ich habe ein Haus gemietet. Direkt am Strand. Für sechs Wochen."

„Allein?"

„Ja, allein."

„Urlaub?"

„Mehr eine Auszeit", erklärte ich.

„Wie meinen Sie das?"

„Ich will aus allem raus: meiner gewohnten Umgebung, Arbeit, Freundeskreis, Alltag. Einfach weg und Abstand bekommen."

Sie nickte. „Ich verstehe. Reisen ist dafür die beste Möglichkeit. Aber wieso wollen Sie aus allem raus?"

„Ich feiere einen runden Geburtstag und will mir Ruhe gönnen. Man kann es auch ‚Abstand von allem' nennen. Das ist doch nichts Ungewöhnliches."

Die Frau unterbrach ihre Arbeit und blickte mich einen Moment lang an. „Sie wissen nicht weiter, nicht wahr?"

Ich öffnete schon den Mund, um zu protestieren, ließ es dann aber bleiben. Man konnte meine Situation durchaus so beschreiben. Mich quälten einige Zweifel. Vor allem aber verspürte ich eine Wut auf alles, was schiefgelaufen war.

Die Frau hielt den Quilt in die Höhe und begutachtete das Quadrat, das sie eingenäht hatte. „Nun etwas Blaues", sagte sie zu sich und suchte den passenden Flicken. Als sie ihn gefunden hatte, sah sie auf.

„Fühlen Sie sich irgendwie verloren?", fragte sie.

Das Gespräch wurde mir zu persönlich. Allerdings musste ich mir eingestehen, dass die Frau erneut den Finger auf meinen wunden Punkt gelegt hatte.

Ich hatte genau dieses Gefühl: verloren. Nicht wissend, wohin ich gehen sollte. In den Monaten vor meinem runden Geburtstag hatte ich über mein Leben nachgedacht und einige erschreckende Feststellungen gemacht. Einige meiner Wünsche hatten sich erfüllt. Statt Begeisterung hatte sich in mir allerdings Enttäuschung breitgemacht.

Andere Wünsche, die nicht in Erfüllung gegangen waren, vergrößerten diese Enttäuschung.

Außerdem gab es einige Wünsche, von denen mir klar geworden war, dass sie sich nie erfüllen würden. Wodurch meine Enttäuschung nur noch wuchs.

Auch wenn mir gut meinende Menschen rund um mich immer wieder versicherten, dass ich eine falsche Sicht auf mich und mein Leben hatte, fühlte ich mich als Versager.

An mir gab es, wie ich fand, viel mehr zu kritisieren als zu bewundern.

Um weiteren Fragen auszuweichen, stand ich auf und trat an das Fenster.

„Steht ein Flugzeug dort draußen?", erkundigte ich mich.

„Natürlich."

„Wie groß ist der Flieger?"

„Platz für 44 Passagiere und eine Toilette."

Ich hatte mit einem viel kleineren, wackeligen Ding gerechnet und war erleichtert. Trotzdem holte ich ein Fläschchen aus der Hosentasche und schüttelte mir ein paar weiße Kügelchen in den Mund.

„Was ist das?", wollte die Frau wissen.

„Ein homöopathisches Medikament gegen Flugangst."

„Wirkt es?"

„Ich glaube schon."

„Wie praktisch. Ich hätte es früher öfter gebrauchen können."

„Haben Sie auch Angst vor dem Fliegen?"

„Nein, nein. Meine Ängste betreffen andere Dinge."

Ich war neugierig geworden. Leider sprach die Frau nicht weiter. Um sie aus der Reserve zu locken, machte ich ein kleines Geständnis.

„Ich habe auch andere Ängste. Und ich finde sie schrecklich. Mir kommt vor, sie werden immer mehr. Manchmal lähmt mich die Angst."

„Wissen Sie", begann sie, „bei der Angst geht es immer darum, dass man aus ihr das Beste macht."

3

Die Frau unterbrach das Nähen und lehnte sich zurück. „Ich hatte all die Jahre meiner Ehe Angst, mein Mann könnte mich für eine andere Frau verlassen. Eine Frau, die jünger, schöner oder einfach besser wäre als ich."

Ich kannte eine ähnliche Angst. Ich war zwar nicht verheiratet, trotzdem nagte an mir immer wieder der Gedanke, meine große Liebe könnte eines Tages jemand Besseren finden.

„Was kann man aus dieser Angst machen?", fragte ich.

„Ich habe darauf geachtet, die beste Partnerin zu sein, die ich sein konnte. In jeder Hinsicht. Ich ließ mich niemals gehen, weder innerlich noch äußerlich. Zuerst handelte ich verkrampft, weil ich meinem Mann ständig gefallen wollte und seine Zustimmung und Bewunderung brauchte. Irgendwann erkannte ich, dass ich alles einfach für mich selbst tun kann. Weil ich es mir wert bin. Mein Mann hat das geschätzt und das Gleiche für sich und mich getan. So konnten wir uns immer wieder neu verlieben."

„Und natürlich hat Ihr Mann Sie nie verlassen", fügte ich lächelnd hinzu.

„Doch."

Das brachte mich etwas aus dem Konzept. Hatte ich die Frau falsch verstanden?

„Aber ich dachte, Sie blieben so füreinander interessant?", sagte ich.

„Das waren wir auch. Mein Mann hat mich nicht wegen einer anderen Frau verlassen. Er ist bei seiner großen Leidenschaft, dem Klettern, abgestürzt und tödlich verunglückt."

„Das tut mir sehr leid."

Sie sah mich an. „Angst ist wie eine Münze. Sie hat zwei Seiten: die lähmende Seite und die Seite, die uns in Bewegung versetzt."

Sie nahm die Arbeit an ihrem Quilt wieder auf. „Allerdings ist die Angst eine Münze ohne großen Wert. Wir können uns damit ein wenig Vorsicht kaufen, was manchmal ganz gut ist. Aber meistens tritt ohnehin nicht ein, wovor wir uns fürchten. Und wenn es doch geschieht, hat uns die Angst auch nicht davor bewahrt. Angst kostet immer nur Kraft und Zeit."

„Haben Sie nun keine Ängste mehr?"

„Doch. Aber ich habe den Mut, sie genau anzusehen. Das lässt sie immer kleiner werden und manchmal verschwinden."

„Das sagt sich einfacher, als es ist", warf ich ein. „Ich weiß, dass Flugzeuge nur sehr, sehr selten abstürzen. Trotzdem habe ich Angst vor dem Fliegen."

„Was das Flugzeug zur Insel angeht, kann ich Ihnen zur Beruhigung sagen, dass ich den Flug schon einige Hundert Mal gemacht habe."

„Einige Hundert Mal?"

Die Frau lachte, als sie mein verdutztes Gesicht sah.

„Ich bin die Pilotin."

4

„Kommen noch andere Passagiere?", fragte ich.

Die Frau nickte. „Sie sollten bald eintreffen." Sie schloss die Tür auf, die auf das Flugfeld führte.

„Der Regen hat nachgelassen. Ich mache die Maschine startklar."

„Ich müsste vor dem Einsteigen noch auf die Toilette, aber ich kann hier keine sehen."

„Einfach einmal um die Ecke."

Also verließ ich die Baracke und suchte auf beiden Seiten des Gebäudes. Toilette konnte ich keine finden. So kehrte ich zurück und fragte die Pilotin erneut. Sie schlug die Hand vor den Mund.

„Da habe ich mich schlecht ausgedrückt. ‚Um die Ecke, dort sind Büsche‘, wollte ich sagen."

Als ich ein paar Minuten später zurückkam, waren mein Koffer und meine Tasche nicht mehr da. Die Tür zum Flugfeld stand offen und aus der Dunkelheit leuchtete mir eine Taschenlampe entgegen. Die Pilotin kam über den Rasen auf mich zugelaufen.

„Ihr Gepäck ist verstaut, wir können starten."

„Die anderen Passagiere …?"

„Kommen Sie, schnell." Sie versetzte mir einen leichten Klaps auf den Arm und ging voraus.

„Die erste Reihe ist nur für Sie reserviert", sagte sie. Der Strahl ihrer Taschenlampe hob die ovale Öffnung des Flugzeugs hervor und verlor sich im dunklen Inneren. „Das Licht funktioniert nicht, wenn die Triebwerke ausgeschaltet sind."

Ich stieg drei Stufen hoch und ertastete den Weg zu den Sitzen. Ich schob mich auf den Fensterplatz einer Doppelsitzbank in der ersten Reihe und schnallte mich an.

Die Luke wurde geschlossen. Kurze Zeit darauf liefen die Motoren an. In der Kabine blieb es dunkel. Durch das kleine Fenster konnte ich das rote Blinken der Signallichter an den Tragflächen sehen.

Die Maschine holperte über den unebenen Boden.

Die Motoren heulten auf. Das Flugzeug schoss nach vorne. Ich klammerte mich mit den Händen so fest an die Armstützen, dass es schmerzte. Nach einer halben Ewigkeit hob der Flieger ab.

Unter uns tauchten vereinzelte Lichter auf, schließlich die Beleuchtung der Stadt. Wir ließen sie hinter uns. Es ging hinaus über das offene Meer. Daran wollte ich lieber nicht denken.

Mit gleichmäßigem Brummen glitt das Flugzeug durch die Luft. Langsam entspannte ich mich ein wenig.

Weil ich sehen wollte, wer noch mitflog, versuchte ich, mich aus dem Sitz zu heben und über die Rückenlehne zu blicken. Der Sicherheitsgurt ließ es nicht zu. Öffnen wollte ich ihn aber auch nicht. Wir konnten unerwartet in eine Turbulenz geraten und ich hatte keine Lust, mit dem Kopf gegen die Decke zu knallen.

Mit einem tiefen Atemzug lehnte ich mich zurück. Der Flug sollte zweieinhalb Stunden dauern. Meine Müdigkeit war größer als meine Flugangst. Ich schloss die Augen.

Ein kräftiger Schlag schreckte mich auf. Instinktiv griff ich nach dem Verschluss des Sicherheitsgurtes und zog ihn enger.

Das Flugzeug sackte ab. Der Gurt schnitt sich in meinen Bauch. Es folgten weitere Erschütterungen.

Wir stürzten ab! Meine schlimmste Angst bewahrheitete sich. Wir stürzten ins Meer. Würde mich der Aufprall töten oder würde ich in der Maschine ertrinken?

Über mir krachte es. Die Stimme der Pilotin kam aus einem Lautsprecher.

„Alles unter Kontrolle", rief sie. Ich glaubte ihr kein Wort. Sie klang, als würde sie um ihre Beherrschung ringen.

Der Flieger wurde durchgerüttelt. Ich konnte die Pilotin im Cockpit lachen hören. War sie verrückt?

Von einem Moment auf den anderen waren die Turbulenzen vorbei.

„Wie ich es versprochen habe", lautete die nächste Durchsage. „Alles vorbei."

Ich versuchte, mich wieder zu entspannen, doch ein Geräusch unterbrach meine Ruhe.

„Papa hält mich für einen Feigling", sagte jemand neben mir.

„Wer ist da?", fragte ich in die Dunkelheit.

„Ich."

„Wer bist du?"

„Na, ich!"

Meine Hand zitterte, als ich das Handy aus der Schultertasche holte und die Taschenlampe einschaltete.

Im Sitz neben mir saß ein Kind und blickte zu mir hoch.

5

„Wieso sitzt du hier?", wollte ich wissen.

„Es gibt Monster. Vor allem unter dem Bett. Und ich hasse Fußball", sagte das Kind. Ich schätzte es auf fünf, höchstens sechs Jahre.

„Wissen deine Eltern, dass du dich nach vorne gesetzt hast?"

„Bin ich wirklich dick? Die Zwillinge von nebenan spotten immer, wenn sie mich am Strand sehen."

„Mit wem fliegst du?", fragte ich mit Nachdruck in der Stimme.

„Mit dir."

„Hör auf mit dem Unsinn."

„Das sagt Papa auch immer. Du bist wie er."

„Ist er an Bord?"

Das Kind blies die Backen auf und stieß die Luft zischend aus.

„Geh dorthin zurück, wo du hergekommen bist", verlangte ich.

„Bin ich ein fetter Feigling?"

Die Worte „fetter Feigling" versetzten mir einen Stich. Das Kind war etwas pummelig und hatte ein rundes Gesicht. In seinen Augen lag ein Ausdruck, den ich kannte.

„‚Reiß dich zusammen', hat Papa gerufen, als Ben von der Schlange totgebissen wurde. ‚Heul nicht, du machst alles nur noch schlimmer. Reiß dich zusammen.'"

„Ben? Wer ist Ben?"

„Ben hat mir gehört. Und ich habe immer auf ihn aufgepasst. Die Schlange lag unter dem Haus. Er hat dort geschnuppert und sie hat ihn gebissen. Es ist nicht meine Schuld. Ich habe ihn so lieb gehabt."

„War er dein Hund?"

Das Kind nickte.

„Wie sah er aus?"

„Klein. Struppig. Immer lustig. Er hat auf mich gewartet, wenn ich von der Schule kam. An der Bushaltestelle. Er war sehr klug und konnte High Five geben."

„Du hast ihn sehr gerne gehabt."

Neben mir wurde heftig durch die Nase aufgezogen.

„Es tut mir leid wegen deines Hundes."

Schweigend saß das Kind da und starrte vor sich hin.

„Warst du immer mutig? Früher?", fragte es mich schließlich.

In mir verkrampfte sich etwas. Auf einmal wurde mir übel.

„Warst du in der Schule beliebt? Hast du viele Freunde und Freundinnen gehabt?"

Ich fühlte mich verhört. Was ging das dieses Kind an? Wieso kamen seine Eltern nicht? Es sollte nicht allein hier in der ersten Reihe sitzen.

„Bist du ausgelacht worden?", kam die nächste Frage.

Es reichte mir.

„Ich finde, du solltest wieder auf deinen Platz gehen."

„Das hier ist mein Platz."

„Deinen richtigen Platz!"

„Du hasst mich, nicht wahr?"

„Nein", sagte ich etwas erschrocken. Wieso sollte ich ein Kind hassen, das ich gerade erst kennengelernt hatte?

„Du hasst mich!", beharrte es.

Ein Gefühl stieg in mir hoch. Das Kind nervte mich. Es verursachte in mir ein Unbehagen, das mir bekannt vorkam, aber ich konnte es nicht einordnen.

Draußen zuckte ein Blitz. Ich fuhr erschrocken zusammen. Ein weiterer Blitz. Das Flugzeug befand sich in düsteren Wolken, die von Blitzen zerrissen wurden.

„Oh nein, oh nein", hörte ich mich in einem fort murmeln, als könnte ich das Gewitter damit vertreiben.

Ich presste den Kopf gegen die Rückenlehne, die Augen fest geschlossen. Eigentlich betete ich nicht, trotzdem flehte ich einen Gott an, von dem ich nicht wusste, ob es ihn wirklich gab, er möge mich lebendig auf dem Boden ankommen lassen. Ich war bereit, ihm alles zu versprechen, wenn er meinen Tod verhindern würde.

Wieso hatte ich mir nur diese verrückte Reise eingebildet? Ich beschimpfte mich selbst: „Wie konnte ein Mensch nur so verblödet sein?"

6

„Festhalten!", sagte jemand rechts von mir. Die Stimme war tief und warm. „Gut festhalten!"

Ein Blitz erhellte den einzelnen Sitz auf der anderen Seite des Ganges. Ich hätte wetten können, er war frei gewesen, als ich mit dem Kind gesprochen hatte. Nun aber saß dort ein fülliger Mann in einem bunten Hemd, die Hände flach auf den Armstützen, den Blick nach oben gerichtet.

„Tief in die Brust einsaugen und dort festhalten", sagte er. In seiner Stimme lag etwas Vergnügtes, keine Spur von Angst.

Sprach er mit mir oder mit sich selbst?

„Fühlst du das Leben?"

Ich fühlte mich, als müsste ich mich gleich übergeben.

„Das Flugzeug hat doch eine Toilette, nicht wahr?", fragte ich.

„Ganz hinten", erwiderte der Mann. Er gab ein langes, genussvolles „Aaaaaaaah!" von sich. Danach herrschte Stille.

„Alles in Ordnung mit Ihnen?", erkundigte ich mich.

Durch das Fenster schien der fast volle Mond. Wolken und Gewitter hatten wir hinter uns gelassen. Das Brummen der Motoren war gleichmäßig, das Flugzeug glitt dahin wie auf Schienen.

Ich spürte mein Handy zwischen den Fingern und schaltete die Taschenlampe ein. Ich wollte den Mann genauer sehen. Als ich den Strahl auf ihn lenkte, streifte er über den Sitz neben mir.

Er war leer. Das Kind war verschwunden.

Das Weiß der Augen und der Zähne des Mannes strahlte im Licht der Taschenlampe. „Fühlst du das Leben?", wiederholte er seine Frage von vorhin.

„Haben Sie ein Kind gesehen? Ist es nach hinten gegangen?"

31

Der Mann grinste mich breit an. Seine Haut hatte einen dunklen Olivton, schwarze Locken hingen ihm in die Stirn und wuchsen über seine Ohren.

„Solche Momente gilt es tief in der Brust festzuhalten", sagte er im Tonfall eines Trainers.

Ich versuchte es erneut. „Das Kind? Das hier gesessen ist. Ist es in Ordnung? Ich meine, sitzt es wieder hinten?"

Der Mann beugte sich in den Gang und sah zum hinteren Ende des Flugzeugs.

„Es ist kein Kind an Bord."

„Doch, es saß vorhin hier neben mir."

„Beruhig dich. Du warst eingenickt. Bestimmt hast du nur geträumt."

Ich hörte ihn wieder tief ein- und ausatmen.

„Mach das auch", forderte er mich auf. „Das, was in einem solchen Moment in uns aufflammt, das ist die Kraft des Lebens."

„Ich habe Angst, zu sterben", gestand ich.

„Genau diese Angst lässt uns das Leben bis in die kleinste Zelle spüren. Bewahre das Gefühl gut auf. Ich denke daran, jeden Morgen."

Mir reichte es. „Passen Sie auf, wenn Sie jemanden verarschen wollen, dann suchen Sie sich jemand anderen."

Den Mann brachte mein kleiner Ausbruch nicht aus der Ruhe.

„Wir sind einmal wirklich abgestürzt", erzählte er.

Mein Magen zog sich zusammen. Die Pilotin hatte doch behauptet, die Flüge wären sicher.

„Du hättest das Geschrei im Flieger hören sollen."

Ich hätte gebrüllt, dass mir fast die Stimmbänder gerissen wären, dachte ich.

„Rate, was die meisten gerufen haben."

Ich musste nicht lange überlegen. „Ich nehme an: ‚Hilfe!'."

„Ich liebe dich!"

„Was?"

„Die meisten Passagiere haben ‚Ich liebe dich' gerufen. Und ich wette, alle anderen haben es gedacht. Wenn ich gekonnt hätte, dann hätte ich meine Frau angerufen und es ihr gesagt. Aber die Handys hatten keine Verbindung. So habe ich gebrüllt, als könnte sie mich hören."

„Aber Sie leben", sagte ich. „Das Flugzeug ist also nicht wirklich abgestürzt."

„Die Pilotin ist erste Klasse. Sie hat es geschafft, die Maschine unter Kontrolle zu bekommen. Den Moment, als wir gelandet sind, werde ich niemals vergessen. Wir haben gejohlt und applaudiert, wir haben geheult und uns umarmt. Wir konnten zuerst gar nicht aufstehen, weil wir noch so geschockt und gleichzeitig so unfassbar glücklich waren."

„War es dieselbe Pilotin, die auch heute fliegt?"

„Natürlich."

„War es ihre Schuld, dass der Flieger beinahe abgestürzt wäre?"

Der Mann sah mich an, als hätte ich eine unverschämte Frage gestellt.

„Ist jemals geklärt worden, warum das Flugzeug in Schwierigkeiten geraten war?", verbesserte ich mich schnell.

Der Mann schüttelte langsam den Kopf. „Weißt du, wie egal uns das allen war? Was bringt es, herauszufinden, wer Schuld hatte? Die Pilotin hat es geschafft, uns alle zu retten. Das zählt. Ich habe sie nach dem Aussteigen gedrückt und geküsst. Meine Frau ist fast eifersüchtig geworden, als sie aufs Flugfeld kam, um mich zu begrüßen. Sie wusste in dem Moment noch nicht, was wir durchgemacht hatten."

Ich kam nicht mehr mit. Es gab nur eine einzige Sache, die mich an dieser Geschichte interessierte.

„Wie war es überhaupt zu den Problemen während des Fluges gekommen?"

„Wie oft soll ich es dir noch sagen? Ich weiß es nicht und es ist mir völlig egal." Es klang, als würde der Mann die Geduld mit mir verlieren.

Trotzdem gab ich nicht auf. „Hat sich niemand aufgeregt? War niemand sauer?"

„Doch. Natürlich."

Etwas anderes hätte mich auch sehr gewundert.

„Einige an Bord waren wirklich wütend", fuhr der Mann fort. „Auf sich selbst."

„Auf sich selbst? Wieso auf sich selbst?"

„Wir wären beinahe hopsgegangen. Wir hätten fast keine Zeit mehr gehabt, um zu tun, was wir immer tun wollten. Einige waren geschockt und wütend über die Art, wie sie ihr Leben verbracht hatten."

Der Mann lehnte sich in meine Richtung. „Da war dieser Banker, der wegen eines dringenden Geschäfts den ersten Schultag seiner kleinen Tochter versäumt hatte. Und eine Frau, deren Mann immer nur an ihr herumnörgelte, ohne dass sie je den Mut gefunden hatte, sich zu wehren. Oder das Ehepaar, das ständig von großen Reisen träumte, sie aber stets aufschob. Oder die Schwestern, die seit Jahren vor Gericht über eine Erbschaft nach dem Tod der Eltern stritten. Und ein Künstler, der im ständigen Hass auf seinen Galeristen lebte, von dem er meinte, dass er ihn betrog."

Mein Sitznachbar machte eine wegwerfende Geste mit den Händen. „Ich kann dir noch ein paar andere aufzählen. Sie waren so sauer, weil sie eine Menge Zeit im Leben sinnlos vergeudet hatten."

„Und niemand hat die Pilotin verklagt? Oder die Fluglinie?"

„Davon habe ich nie etwas gehört."

„Vielleicht hätte es Schadensersatz gegeben."

Der Mann runzelte die Stirn.

„Ihr hättet tot sein können", fügte ich als Erklärung hinzu.

„Richtig, Kumpel. Aber wir waren es nicht. Wir lebten." Die Hände in die Höhe gestreckt sang der Mann und tanzte, indem er seinen Körper im Sitz schaukeln ließ.

„Seit damals fühlt sich jeder Morgen, an dem ich die Augen öffne, wie ein Geschenk an. Allerdings besteht das Geschenk erst einmal nur aus einer leeren Schachtel. Ich tu mein Bestes, schöne Dinge hineinzugeben. Gelingt nicht immer. Aber ich werfe die Schachtel auch nicht achtlos weg, wie früher."

Der Mann legte den Kopf zur Seite und überlegte. „He, ich hab das Zeug zu einem Poeten, findest du nicht auch?" Danach lachte er, dass sein Bauch hüpfte. Mit dem Finger deutete er auf mein Handy. „Du solltest deinen Akku schonen, vielleicht willst du später telefonieren."

Ich hatte nur noch zwanzig Prozent. Daher knipste ich die Taschenlampe aus und lehnte mich zurück.

Nach der Landung wollte ich sehen, ob endlich eine Nachricht eingetroffen war. Ich hoffte auf eine Entschuldigung meiner großen Liebe. Wenn diese Bezeichnung überhaupt noch zutraf.

Der Mensch, den ich am meisten liebte, hatte mir zwei Wochen vor dem Abflug erklärt, nicht mitkommen zu können. Berufliche Gründe. Ich hatte es nicht verstehen können. Die Verabschiedung war kühl ausgefallen.

Etwas musste ich mir nun eingestehen: Würde das Flugzeug in die Tiefe stürzen, dachte ich sicherlich auch „Ich liebe dich" und nicht „Ich finde deine Entscheidung, zu Hause zu bleiben, unfassbar dumm und widerlich".

„Sie leben auf der Insel, nicht wahr?", fragte ich in die Dunkelheit.

Es blieb still.

Ich fragte erneut.

Wieder keine Reaktion.

War er verschwunden, wie das Kind? Mit zitternden Fingern schaltete ich die Taschenlampe ein.

7

„Buh!"

Der Mann schnitt eine Grimasse und streckte die Hände hoch, wie Kinder das manchmal tun, wenn sie jemanden erschrecken wollen. Danach lachte er wieder.

Ich seufzte tief.

„Dein Gesicht! Du solltest dein Gesicht sehen. Als wärst du einem Gespenst begegnet!" Der Mann kostete sein Vergnügen über den gelungenen Scherz aus.

„Sehr lustig", sagte ich leise. Ich war einfach viel zu erschöpft für solche Späße.

„Wie lange leben Sie schon auf der Insel?", fragte ich.

„Seit meiner Geburt. Und ich kann mir nicht vorstellen, woanders zu leben."

Ich hatte einiges über die Insel gelesen. Sie wurde von manchen als „einer der glücklichsten Plätze der Erde" bezeichnet. Deshalb wollte ich dort auch einige Wochen verbringen. Ich hoffte, ich würde von diesem Glück etwas abbekommen.

„Ist die Insel wirklich so ein glücklicher Ort?", fragte ich.

Der Übermut des Mannes verschwand schlagartig. Er wiegte den Kopf. „Nein. Das finde ich nicht."

Die Antwort enttäuschte mich. „Aber sie wird von vielen so bezeichnet", warf ich ein.

„Ihr mit euren Listen und Bewertungen. Die Besten, die Schönsten, die Schnellsten, die Schrecklichsten. Top drei, fünf oder zehn. Die beliebteste Frucht der Welt ist die Mango. Ich kann Mangos nicht ausstehen. Ich bekomme rote Flecken im Gesicht, wenn ich nur an Mangos denke. Ist die Mango deshalb schlecht? Oder bin ich nicht normal, weil ich keine Mangos mag? Und wer hat eigentlich abgestimmt, als es um die beliebteste Frucht ging? Wirklich alle Leute, die auf der Erde leben? Sag es mir!"

Nun lachte ich auf. „Keine Ahnung."

„Ich kann mir keinen schöneren Platz zum Leben vorstellen als die Insel", sagte der Mann. „Manche nennen sie Kraftplatz. Von den Dingen, die über sie erzählt werden, sind einige schwer zu begreifen. Aber für sein Glück muss jeder selbst sorgen."

„Das weiß ich auch", brummte ich, weil mich die Belehrung nervte.

„Warte!" Der Mann richtete sich auf. „Gehörst du etwa zu denen, die den Strand der Wünsche stürmen und dort auf Wunder hoffen?"

8

Obwohl ich mich sehr intensiv auf die Reise und meinen Aufenthalt auf der Insel vorbereitet hatte, war mir der Name dieses Strandes noch nie untergekommen.

„Es gibt einen Strand der Wünsche auf der Insel?", fragte ich.

„Für jeden Stein, den du dort ins Wasser wirfst, soll einer deiner Wünsche in Erfüllung gehen", sagte der Mann, doch in seiner Stimme schwang Spott mit. „Viele Menschen reden von wahren Wundern, die sie nach dem Werfen erlebt hätten."

„Wo liegt dieser Strand?" Ich wollte ihn aufsuchen und Steine werfen. Schaden konnte es nicht.

„Was wirst du dir wünschen?", lautete die Gegenfrage.

Schon wieder ein wunder Punkt. Die Liste meiner Wünsche war kurz und gleichzeitig lang. Sie kam mir vor wie ein Streifen weißes Papier, auf dem oben in fetten Buchstaben WÜNSCHE stand, darunter aber nichts.

Ich wusste, dass mir viel im Leben fehlte. Aber wenn ich eine Liste meiner Wünsche erstellen sollte, dann konnte ich nur sagen, dass sie lang wäre, aber nicht, was sie genau enthalten würde.

Was sollte ich mir wünschen, wenn ich nicht wusste, was ich wollte?

Ich bemerkte oft ein Gefühl der Leere in mir. Vor einiger Zeit war ich in eine Diskussion von Leuten geraten, die ich mittelgut kannte. Das Thema war „Der Sinn des Lebens". Alle schienen Ideen dazu zu haben. Es wurde mit Zitaten herumgeworfen, wie Dichter und Denker den Sinn des Lebens beschrieben. Manche berichteten von ihren Therapiestunden und was sie dabei herausgefunden hatten.

Damals schämte ich mich, weil ich nicht wusste, was ich beitragen konnte. Als ich nach meinen Gedanken gefragt wurde, benutzte ich die lahmste Ausrede von allen und sagte, der Sinn meines Lebens wäre etwas sehr Privates, das ich lieber für mich behalten würde.

„Wissen Sie denn, was der Sinn Ihres Lebens ist?", fragte ich den Mann. Die Frage hatte für ihn unvermittelt kommen müssen, da er nichts von den Gedanken wusste, die mir durch den Kopf gegangen waren.

„Klar", kam es ruhig zurück.

Die Schnelligkeit, mit der er antwortete, überraschte mich.

„Was denn?"

„Wenn ich dir das sage, dann wirst du es mir nicht glauben."

„Und wieso nicht?"

„Komm in unsere Bar. Dann werde ich es dir verraten."

„Und wo ist die Bar?"

„Am Strand der Wünsche." Er deutete auf mein Handy. „Dein Akku ist jetzt bestimmt fast leer."

Nur noch sechs Prozent. Ich schaltete die Taschenlampe aus. Meine Augen brannten vor Müdigkeit. Ich schloss sie ein wenig und schlief sofort ein.

Der Druck meiner Blase weckte mich. Ich musste dringend auf die Toilette. Als ich den Sicherheitsgurt löste und mich in die Höhe stemmte, fiel mir die Veränderung in der Kabine auf.

9

An der Decke des Flugzeugs glomm ein schmaler schwacher Lichtstreifen. Der Mann, mit dem ich mich unterhalten hatte, schlief, den Kopf ans Fenster gelegt, die Arme verschränkt.

Ich zwängte mich durch den Mittelgang bis nach hinten zur schmalen Tür der winzigen Toilette.

Auf dem Weg zurück zu meinem Platz hörte ich jemanden summen. Die Melodie erinnerte mich an ein Lied, das man kleinen Kindern zum Einschlafen vorsang. Das Summen kam vom Fensterplatz einer Doppelreihe.

„Feierst du mit mir?", wurde ich gefragt.

Von unten blickten mich zwei riesige runde Brillengläser mit dickem, rotem Rand an. Die Brille war breiter als das Gesicht der Frau.

„Ich würde sehr gerne meine Freude mit dir teilen", sagte sie.

Die Frau musste ungefähr in meinem Alter sein, vielleicht ein wenig älter. Das war im dämmrigen Licht schwer einzuschätzen. Ihre Stirnfransen reichten bis zu den Augenbrauen und sie trug ihr blondes Haar schulterlang. Etwas umständlich packte sie das Bündel, das auf dem Sitz neben ihr lag, und stopfte es unter den Sitz vor ihr.

„Meine Tasche", erklärte sie und kicherte. „Jetzt habe ich das Wichtigste vergessen!" Sie zog das Bündel wieder hervor. Nach einigem Kramen holte sie zwei kleine Fläschchen heraus, von denen sie mir eines reichte. Während ich mich setzte, sah ich sie einen schweren Gegenstand aus der Tasche nehmen. Er glänzte golden. Ich konnte aber nicht erkennen, was es war, da das Ding in den Falten ihres weiten Gewandes verschwand.

Fragend hielt ich das Fläschchen hoch.

„Kein Alkohol", beeilte sich die Frau, zu versichern. „Ein Shot aus Kurkuma und Ananas mit ein paar Gewürzen. Von mir selbst gemischt. Geheimes Rezept."

Sie prostete mir zu und wir stießen an. Die Fläschchen klirrten.

„Besser zuerst ein wenig kosten", riet sie.

Sekunden später war ich für diesen Rat sehr dankbar. Das Getränk brannte auf der Zunge. Es schmeckte ausgezeichnet, war aber nur in kleinen Schlucken genießbar.

Liebevoll streichelte die Frau den Gegenstand in ihrem Schoß. War das ein Schuh? Obwohl sie meinen neugierigen Blick bemerkte, gab sie mir keine Erklärung.

„Was gibt es zu feiern?", fragte ich.

„Es ist wunderbar. Einfach wunderbar." Sie sah mich durch ihre riesige Brille an. „Ich bin Vorletzte geworden. Nicht Letzte, sondern Vorletzte."

10

War das ein Grund, zu feiern? Ich wäre nie auf diese Idee gekommen.

„Letzte zu werden, wäre sehr hart gewesen. Vorletzte ist nicht so schlimm. Es ist ein wahres Glück für mich!" Sie polierte das Ding vor sich mit dem Ärmel ihres Kleides. Noch immer konnte ich nicht erkennen, um was es sich handelte. Dann wandte sie sich an mich. „Warst du schon einmal auf der Insel?"

„Nein, es ist das erste Mal. Ich bin, könnte man sagen, von der anderen Seite der Erdkugel."

„So eine lange Reise! Was für eine Ehre für unsere Insel."

„Na ja, es kommen doch sicher jedes Jahr viele Touristen."

Die Frau überlegte. „Ja, einige. Interessante Leute meistens. Manche aber auch so traurig. Oder wütend. Oder beides." Sie stockte. „Nein, ich will nicht urteilen. Ich kann immer nur beschreiben, was ich sehe, aber ich kann nicht wissen, wie es in den Menschen aussieht und wer sie wirklich sind."

Das war eine Einstellung, die ich mir merken wollte. Ein Freund hatte mich neulich scherzhaft gefragt, ob ich den Richterberuf ergriffen und schon Leute ins Gefängnis geschickt hätte, weil meine Urteile über alle so hart ausfielen.

Es war ein peinlicher Moment gewesen. Damals war mir bewusst geworden, dass er recht hatte. Ich hatte wenig Gutes über Leute zu sagen.

Die Frau nippte an ihrem Fläschchen. „Ist dir das auch schon einmal aufgefallen: Je unzufriedener ich mit mir selbst bin, desto mehr sehe ich, was es an anderen zu kritisieren gibt."

„Das kommt mir bekannt vor", gab ich zu. Die Beschreibung traf den Nagel auf den Kopf. Mir war es in letzter Zeit so ergangen.

„Lass mich raten, welchen Beruf du ausübst", sagte sie. Den Finger ans Kinn gelegt musterte sie mich von der Seite. „Du machst etwas, das du eigentlich nicht machen willst. Richtig?"

Richtig!

„Du findest außerdem, dass die Welt ungerecht zu dir ist."

Auch das stimmte.

„Was meinst du, wieso ich das weiß?"

Ich zuckte bloß mit den Schultern, dabei interessierte es mich tatsächlich sehr.

„Wenn ich dich ansehe, dann ist es, als würde ich in einen Spiegel blicken."

„Heißt das, du magst deinen Beruf auch nicht?"

„Nein, ich liebe ihn!"

„Jetzt bin ich ein wenig verwirrt", gestand ich. „Das kann auch mit der langen Reise zu tun haben."

„Hat es nicht." Die Frau legte beruhigend ihre Hand auf meinen Arm. „Es liegt daran, dass ich ziemlich wirr rede. Tut mir leid, aber das mache ich gern. Meine Mutter hat oft gejammert, dass sie mir nicht folgen kann."

Die Frau zeigte mir den goldglänzenden Gegenstand. Es war tatsächlich eine Art Schuh, aber sehr kunstvoll geformt. Er saß auf einem kleinen Holzsockel mit einer Messingtafel.

50

„Erster Preis", sagte die Frau.

„Gratuliere", erwiderte ich. Der Schuh war also ein Pokal oder eine Trophäe. Aber hatte sie nicht vorhin noch gesagt, sie wäre Vorletzte geworden?

„Danke, aber die Glückwünsche kommen zu früh." Sie sah mein ratloses Gesicht und lachte. „Ich mache Mode. Ziemlich ausgefallene Kleider. Designerin war immer mein Traumberuf und ich habe meinen Traum verwirklicht."

„Designerin. Sehr interessant."

„Nein, keine Designerin."

„Aber du sagtest doch, dass du deinen Traumberuf verwirklicht hast?"

„Ich bin Schneiderin. Damit verdiene ich mein Geld. Daneben habe ich in jeder freien Minute Mode entworfen. Ich habe gezeichnet und gezeichnet. Ein Kleid nach dem anderen. Eine ganze Kollektion. Und dann noch eine und eine dritte und vierte."

Die Frau streichelte wieder die Statue.

„Ein paar Modelle habe ich auch genäht und im Schaufenster ausgestellt. Sie wurden alle gekauft. Von Urlauberinnen."

Diese Damen hatten der jungen Frau geraten, mehr aus ihren Ideen zu machen. Sie fanden sie originell und ungewöhnlich.

Eine Urlauberin verschaffte ihr schließlich bei einer Fashion-Show ein Treffen mit dem Talentscout eines Modehauses.

„Der Mann, den ich treffen sollte, ist nicht zum Termin erschienen und hat sich auch nicht entschuldigt. Ich war enttäuscht und gekränkt."

Das verstand ich gut. „Hast du versucht, deine Zeichnungen anderen zu zeigen?"

„Wie es weitergegangen ist, erzähle ich dir nur, wenn du mir zuerst von dir erzählst. Sonst rede ich nur über mich und das ist mir unangenehm." Die junge Frau stützte das Kinn in die Hand und sah mich gespannt an. „Was tust du?"

11

Wollte ich überhaupt darüber reden? Würde das nicht in ein langweiliges Gejammer ausarten, wie üblich? Ich konnte mir selbst nicht mehr dabei zuhören.

„Alles und nichts", antwortete ich vage.

„Das ist eine interessante Mischung." Sie kicherte wieder auf ihre mädchenhafte Art. „Was kann ich mir darunter vorstellen?"

Also begann ich, zu erzählen. Zuerst von der Musik-Comedy, die ich gemacht hatte. Wir waren schon in der Schule eine Band gewesen, die andere zum Lachen brachte. Als wir die Schule abgeschlossen hatten, wollten wir weitermachen. Die Konzerte wurden immer erfolgreicher, das Publikum größer. Einige der Songs hatte ich selbst geschrieben, außerdem hatte ich bei jedem Auftritt zwei Stand-up-Einlagen.

Was wir verdienten, wurde auf die fünf Mitglieder unserer Gruppe aufgeteilt und reichte nicht aus, um davon zu leben.

Meine Mutter bot an, mich finanziell zu unterstützen. Im Gegenzug wollte sie, dass ich eine Ausbildung oder ein Studium mache. Ich lehnte ab, weil ich mich von ihr erpresst fühlte. Also fing ich an, in einem kleinen Restaurant zu jobben. Kochen war mein Hobby, seit ich ein Kind gewesen war. Meine Tätigkeit im Restaurant war bescheiden. Ich durfte spülen, putzen, schließlich Speisen aus der Küche tragen, aber nicht bis zu den Gästen. Das war dem Servierpersonal vorbehalten.

Als drei Leute aus dem Küchenteam gleichzeitig erkrankten, meldete ich mich, um einzuspringen. Die Köchin, der das Restaurant gehörte, war dankbar. Ich hatte mich wohl recht gut angestellt. Als wenig später eine Stelle in der Küche frei wurde, bekam ich sie.

Ich arbeitete vier Tage die Woche. Die Samstage hatte ich frei. An diesen Tagen trat ich weiter mit der Band und unserem Comedy-Programm auf.

Ein Jahr ging das so. Es war ziemlich anstrengend. Ein Freund erzählte mir eines Tages von seinem neu gegründeten Business und fragte, ob ich einsteigen wollte. Er handelte mit Kryptowährungen. Ich ließ mich überzeugen, steckte die Hälfte meiner Ersparnisse in die neue Firma und bekam dafür eine Beteiligung. Mit dem restlichen Betrag kaufte ich selbst Kryptowährungen.

Meiner Mutter war das alles nicht recht. Sie wurde nicht müde, mich zu warnen. Ich traf sie nicht mehr, weil ich keine Lust hatte, mir ihr ständiges Gemecker anzuhören.

Mein Job in der Küche machte Spaß und die Tätigkeit für die neue Firma bestand hauptsächlich darin, Leute zu überreden, in Kryptowährungen zu investieren. Auch die Band bekam mehr Auftritte. Das führte allerdings dazu, dass ich selbst immer weniger schlief und zu Energydrinks griff, um wach zu bleiben.

Der Kurs der Kryptowährungen erlebte einen Höhenflug nach dem anderen. Ich lernte, zu verkaufen, wenn der Kurs hoch war, und nachzukaufen, wenn er einmal tiefer ging.

Schließlich konnte ich von den Gewinnen eine Wohnung anzahlen. Für den Rest musste ich einen Kredit aufnehmen.

Bei den Konzerten bekamen meine Songs immer mehr Applaus. Eine Agentur sprach mich an und schlug mir vor, ich sollte ein Soloprogramm schreiben, sie würden es verkaufen. Da ich diese Einnahmen nicht mehr teilen müsste, würden sich die Konzerte auszahlen.

Den Job im Restaurant gab ich auf. Finanziell hatte ich ihn nicht mehr nötig.

Die junge Frau hatte mir aufmerksam zugehört.

„Das klingt gut.“

Ich nickte.

Nach einer kurzen Pause sagte sie: „Aber das ist nur ein Teil deiner Geschichte, nicht wahr?“

Sie hatte leider recht. Ich seufzte.

„Lass mich raten.“

Um sie abzulenken, deutete ich auf den Pokal. „Erzähl mir lieber, was der da zu bedeuten hat.“

Doch die Frau ignorierte mich. Sie tippte mit dem Finger auf ihr Kinn und fuhr unerbittlich fort: „Du hast dein Geld verloren, als die Kryptowährungen abgestürzt sind.“

Ich nickte. Mein Vermögen war in nur zwei Tagen dahin gewesen, die Firma ging pleite. Ich litt bis heute unter Albträumen, weil ich meine Kunden ins Unglück getrieben hatte. Sie hatten, genau wie ich, alles verloren.

Die Frau deutete mit dem Finger im Takt ihrer Worte auf mich. „Du musstest deine Wohnung aufgeben und wohnst wieder bei deiner Mutter."

„Nein, so schlimm ist es nicht gekommen", erwiderte ich. „Um Geld zu verdienen, während ich an meinem Soloprogramm schreibe, unterrichte ich die Kinder reicher Leute. Gitarre, Bass und Schlagzeug. Außerdem Gesang und gutes Auftreten auf der Bühne. Es gibt einige, die eine Menge dafür bezahlen, weil ihre Kinder versessen darauf sind, Stars zu werden."

„Aber das möchtest du nicht wirklich tun."

Die Augen hinter den großen Brillengläsern erinnerten mich an eine Eule.

„Nein. Nicht wirklich. Aber ich komme mit meinem Programm nicht weiter. Eine Art Schreibblockade. Außerdem plagen mich Zweifel, ob ich wirklich allein auftreten will. So viele Zweifel und keine Antworten, das macht mir zu schaffen, kann ich dir sagen."

„Es klingt, als wärst du ganz schön talentiert", meinte die Frau.

„Findest du?" Ich sah mich anders. „Was ist das nun für ein Pokal, den du da hast? Du hast gesagt, es wäre der erste Preis. Ich dachte, du bist Vorletzte geworden?"

Sie nickte heftig. „Es ist ein zukünftiger Preis."

Was sollte das denn sein?

12

Die Frau holte zwei Wasserflaschen aus ihrem Beutel und gab mir eine. Ich nahm dankbar an, da der Shot feurige Spuren in meinem Hals hinterlassen hatte.

„Bei einer Fashion Show war ein Preis für junge Designerinnen ausgeschrieben worden. Dort habe ich mich beteiligt und eine Kollektion eingereicht." Sie strich sich die Haare hinter das Ohr. „Nach ein paar Wochen habe ich eine E-Mail bekommen. Ich war nicht unter den Preisträgerinnen."

„Das tut mir leid."

„Meine Kundin, die jeden Sommer auf der Insel verbringt, bestand darauf, dass ich meine Entwürfe dem Chefdesigner eines Modehauses zeige. Er wäre ein guter Freund von ihr. Ich protestierte, aber sie vereinbarte einen Termin mit ihm.“

„Jetzt rate ich einmal“, warf ich ein. „Diesmal sind deine Entwürfe angenommen worden.“

„Daneben. Ich war wie ausgemacht pünktlich am Empfang der Firma. Eine hochnäsige Frau meldete mich an und teilte mir mit, ich solle mich gedulden. Nachdem ich eine Stunde gewartet hatte, fragte ich sie, wie lange es noch dauern würde. Sie telefonierte kurz. Nachdem sie aufgelegt hatte, teilte sie mir mit, dass der Termin abgesagt wäre. Der Chefdesigner war in der Jury des Wettbewerbs gewesen und hatte herausgefunden, dass ich als Vorletzte gereiht worden war. Daher hatte er kein Interesse mehr, mich zu treffen.“

„Eine Frechheit“, empörte ich mich. „Du musst wütend gewesen sein, weil er dich extra hat anreisen lassen.“

„Wütend. Enttäuscht. Traurig. Alles zusammen. Bis zu meinem Rückflug blieben mir noch drei Stunden Zeit. Ich lief einfach durch die Gassen. Bis ich vor einem Schuhladen stand. Im Schaufenster sah ich sehr ausgefallene Schuhe für Damen. Ich hatte bei meinen Entwürfen immer Schuhe dazugezeichnet."

Wie sie den Mut aufgebracht hatte, wusste sie selbst nicht. Aber die Frau betrat den Laden und fragte nach jemandem, dem sie ihre Entwürfe zeigen durfte. Die Besitzerin sah sich die Zeichnungen an und bat um ihre E-Mail-Adresse und Handynummer.

Zwei Monate hörte sie nichts von ihr. Sie hatte schon auf den Schuhladen vergessen, als sich die Besitzerin meldete. Sie war auf einer langen Geschäftsreise gewesen und wollte die Entwürfe noch einmal sehen.

„Das war vor drei Jahren. Seit damals entwerfe ich ausgefallene Schuhmodelle für alle möglichen Anlässe und interessante Kundinnen. Außerdem habe ich eine Lehre zur Schusterin gemacht. Gestern habe ich mein Abschlusszeugnis bekommen."

Die Frau strahlte über das ganze Gesicht. Ich gratulierte ihr erneut. Diesmal nahm sie meine Glückwünsche an.

„Soll ich dir was sagen?", fragte sie. „Der vorletzte Platz hat mir gezeigt, dass meine Entwürfe für Kleider auf der Insel gut genug waren. Aber sonst hatten andere wesentlich bessere Ideen. Meine Stärken lagen offenbar woanders. Das Schustern und das

Entwerfen neuer Schuhmodelle bereiten mir viel mehr Freude."

„Und der Pokal?" Ich deutete auf das goldene Ding, das sie sofort hochhielt.

„Den habe ich auf dem Flohmarkt gekauft."

„Wozu?"

„Weil ich eines Tages bei einer Schuhmodeschau gewinnen werde." Sie lächelte. „Und ich möchte schon mal ausprobieren, wo in meiner Wohnung der beste Platz für einen Pokal ist."

13

„Bitte hinsetzen und festschnallen!", kam die Stimme der Pilotin aus dem Lautsprecher. „Wir landen in Kürze."

Ich hielt meine Armbanduhr nach oben, damit Licht auf das Ziffernblatt fiel. Die Uhr hatte ich von meinem Urgroßvater geschenkt bekommen, den ich sehr gerne gehabt hatte und vermisste. Aus diesem Grund hatte ich mich auch entschlossen, die Uhr auf die Reise mitzunehmen.

Wir sollten doch erst in einer Stunde landen?

In meinem Kopf blitzten sofort wieder Horror-
gedanken auf wie Pappfiguren in einer Geisterbahn.
Triebwerkschaden, Tragfläche kaputt, Störung im
Cockpit, Absturzgefahr. Die Pilotin verschwieg uns
die Schwere des Notfalls.

Schnell verabschiedete ich mich von meiner Sitz-
nachbarin, um zu meinem ursprünglichen Platz zu-
rückzukehren. Ich hatte dort meine Schultertasche
liegen gelassen und die wollte ich bei mir haben ...

... sollten wir abstürzen.

Die Kette der Katastrophengedanken wollte nicht
enden. Ich rutschte schnell in meinen Sitz und zog
den Sicherheitsgurt so fest, dass es schmerzte.

Der Lichtstreifen an der Decke erlosch, in der Kabine wurde es wieder finster. Unter uns tauchten ein
paar einzelne Lichter auf, mehr war nicht zu erkennen.

Die Landung kam unerwartet und war hart. Ich
wurde heftig durchgerüttelt und beim Umkehrschub
für die Bremsung nach vorne geworfen.

Ein starker Scheinwerfer auf einem hohen Mast
beleuchtete den Platz vor einem flachen Gebäude.
In seinem Licht flossen die Regentropfen zu weißen
Strichen zusammen. Die Pilotin ließ das Flugzeug
nahe dem Gebäude ausrollen und stellte die Motoren

ab. Vom Cockpit kam das Klicken des Verschlusses der Gurte. Leder knarrte. Ihre Silhouette tauchte im Lichtschein auf, der durch die Windschutzscheibe von draußen einfiel.

„Kommen Sie", sagte sie.

„Ich?"

„Ja. Schnell. Sie müssen hier übernachten. Es gibt ein kleines Hotel. Es ist alles organisiert. Morgen, wenn das Wetter besser ist, geht es weiter."

Ist das nicht schon beim Start klar gewesen?, dachte ich. Wieso sind wir dann überhaupt gestartet?

„Ich hole Ihr Gepäck aus dem Laderaum."

Die Pilotin öffnete den Ausstieg und klappte eine kleine Treppe aus. Sie reichte mir einen Schirm und trat dann in den Regen hinaus. Ich wurde wütend, als ich daran dachte, dass ich noch immer nicht in dem Bett schlafen würde können, das ich für die nächsten sechs Wochen gebucht hatte.

Als ich den Kopf aus der Luke streckte, zuckte ich sofort zurück und war dankbar für den Schirm. Ich spannte ihn auf. Das Prasseln des Regens war ohrenbetäubend, die Luft aber warm. Auf dem kürzesten Weg lief ich zu dem flachen Gebäude, das nur eine Tür besaß. Ich öffnete sie und betrat einen Raum, der fast genauso aussah wie am vorigen Flugplatz.

„Hier …" Die Pilotin zog meinen Koffer hinter sich her, die Tasche trug sie in der anderen Hand. Die zarte Frau musste ziemlich kräftig sein. Ich nahm ihr beides schnell ab und murmelte eine Entschuldigung, weil ich sie meine Sachen hatte schleppen lassen.

„Das gehört zu meinem Job", erwiderte sie lächelnd. „Sie werden gleich abgeholt. Und morgen geht es dann weiter." Sie überlegte kurz. „Spätestens übermorgen."

Draußen wurde gehupt. Ich drehte mich zwischen dem Ausgang und der Pilotin hin und her.

„Moment, wann erfahre ich, dass es weitergeht? Rufen Sie mich an?"

„Keine Sorge."

„Muss ich das Hotel bezahlen?"

„Nein, nein. Das gehört zum Service."

Abermals wurde gehupt.

„Es war schön, Sie kennenzulernen", sagte sie fröhlich. Wie konnte sie so vergnügt sein?

Ich sah an ihr vorbei zum Flugzeug. Die Luke stand noch immer offen, aber außer mir war niemand ausgestiegen.

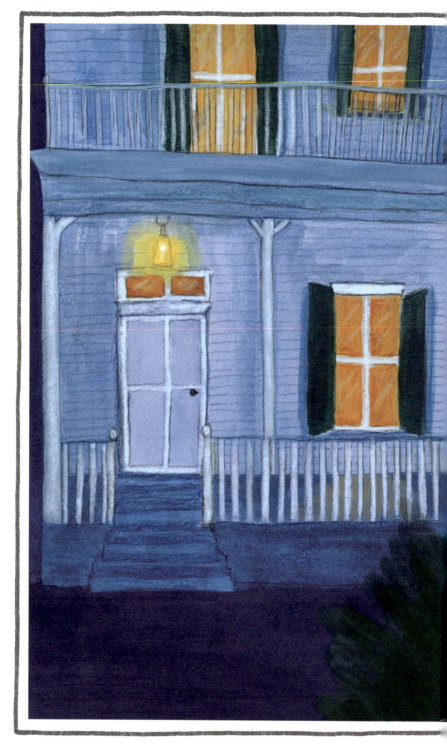

14

Das dritte Hupen war lang und ungeduldig. Sekunden später wurde die Tür aufgerissen und ein sehr groß gewachsener, dünner Mann stürmte herein.

„Wo bleibst du?", fuhr er mich an.

„Ich komme schon", sagte ich schwach. Weil ich nicht sofort reagierte, hetzte der Mann zu mir und riss mein Gepäck an sich. Sein bunt gemustertes Hemd und die kurzen Hosen schlotterten. Seine Arme und Beine erschienen dünn wie Zahnstocher. Mit großen Schritten jagte er nach draußen. Als ich ihm folgte, fühlte ich mich wie damals als kleines

Kind, wenn ich vor mich hin träumte und meine Mutter die Geduld verlor.

Auf der Straße stand ein Pick-up. Der Mann stopfte Koffer und Tasche unter eine Plane auf der Ladefläche.

„Steig ein", rief er mir zu.

Die Fahrerkabine hatte nur eine Sitzbank für drei. Ich ließ den Mittelsitz frei und drückte mich gegen die Innenseite der Tür. Nachdem der Mann eingestiegen war, holte er ein Handtuch heraus und rubbelte Haare und Gesicht damit trocken. Erst dann startete er den Motor und ließ ihn aufheulen.

Die Fahrt dauerte ein paar Minuten und es kam uns unterwegs kein anderes Fahrzeug entgegen. Im Licht der Scheinwerfer sah ich Palmen und Buschwerk am Straßenrand.

Der Pick-up hielt vor einem zweistöckigen Haus. Die Fassade bestand aus weiß gestrichenen Brettern. Auf einer Veranda vor dem Eingang baumelte eine Lampe. Als ich ausstieg, konnte ich das Meer rauschen hören. Das Haus lag also am Strand.

„Hinein, schnell!"

Die Tür wurde von drinnen geöffnet. Eine pummelige kleine Frau in einem langen weißen Kleid stand im Licht, das aus der Diele kam.

„Willkommen!", rief sie mir entgegen. „Tee? Kaffee? Rumpunsch? Oder Whiskey pur?"

Ich wollte einfach nur auf mein Zimmer, unter die Dusche und mich auf einem Bett ausstrecken. Als Erstes würde ich dann den Menschen anrufen, der mir am meisten abging und dem ich versichern wollte, dass ich Verständnis für die Absage der Reise hatte. Ich sehnte mich, die vertraute Stimme zu hören und zu erzählen, was ich schon alles erlebt hatte.

Die Diele war ein quadratischer Raum, von dem Türen und eine Treppe nach oben wegführten. Wände und Boden waren weiß gestrichen, die Möbel sahen schon etwas alt und abgenutzt, aber gemütlich aus. An den Wänden hingen große Bilder, die Blätter und Blüten in strahlenden Farben zeigten. In der Luft lag ein Geruch, der ein heimeliges Gefühl auslöste. Es war der Duft von frisch gebackenen Zimtschnecken.

Hinter mir wurden mein Koffer und die Tasche abgestellt.

Der Mann ächzte. „Was hast du denn alles eingepackt? Deine halbe Einrichtung? Du brauchst hier doch nur ein paar Shorts und T-Shirts."

Ich wollte keine Erklärung über den Inhalt des Koffers abgeben, der meinen Laptop enthielt und mehrere Notizbücher, die ich auf einem Kunstmarkt erstanden hatte. Sie waren zum Eintragen der Ideen für meine Zukunft gedacht.

„Was willst du trinken?", fragte die Frau erneut.

„Wasser, bitte. Und ein Glas Wein wäre fein."

„Wasser gibt es, Wein haben wir hier nicht. Zu teuer. Rum, Whiskey oder Gin, pur oder verdünnt mit allem, was dir einfällt."

Ich entschied mich für Rumpunsch.

„Der ist fertig", rief die Frau und eilte davon.

„Setz dich!" Der Mann deutete auf die beiden abgewetzten Ledersofas. Zwischen ihnen stand ein niedriger Tisch.

Ich hatte die Härte der Kissen falsch eingeschätzt und mich schnell fallen gelassen. Die Federn gaben nach und ich saß fast auf dem Boden.

Die Frau kehrte mit einem Tablett zurück, auf dem vier Keramikbecher standen, die sie verteilte. Ich trank zuerst das Wasser, weil ich durstig war.

Die beiden ließen sich auf dem Sofa mir gegenüber nieder und prosteten mir zu.

„Ich hoffe, es geht morgen weiter", sagte ich und nahm einen Schluck vom Punsch.

„Morgen? Vielleicht. Aber es könnte auch übermorgen oder sogar erst Ende der Woche so weit sein", meinte der Mann.

„Ende der Woche?" Ich hoffte, mich verhört zu haben.

„Ja, so ist es", sagte die Frau lächelnd.

„Hören Sie, ich will endlich ankommen. Ich habe nur sechs Wochen auf der Insel und das Haus für die volle Zeit bezahlt. Ich will keinen Tag verlieren. Es ist bestimmt schön hier, aber ich will ans Ziel. Ich bin erschöpft."

Beide nickten. „Ja, so ist es", sagte der Mann.

„Und es ist gut", sagte die Frau.

„Was ist gut? Dass ich endlich ankommen will? Dass ich erschöpft bin?"

„Beides."

„Nein, das ist nicht gut", brauste ich auf. Falls ich es hier mit der Gelassenheit zu tun hatte, für die die Menschen auf den Inseln bekannt waren, so fand ich sie nervig.

„Wir haben nicht mit einem Gast gerechnet", sagte die Frau.

„Wir renovieren gerade. Deshalb ist nur das Zimmer unter dem Dach verfügbar. Die Toilette ist hier unten." Er deutete auf die Tür neben der Treppe.

„Zum Duschen kannst du unser Bad benutzen. Komm einfach am Morgen herunter und wir zeigen es dir", erklärte die Frau.

In mir stieg Zorn auf. Konnte auf dieser verdammten Reise nicht irgendetwas klappen? Musste alles schieflaufen, kompliziert, umständlich und mühsam sein?

„Gibt es ein anderes Hotel in der Umgebung?", fragte ich mit zusammengebissenen Zähnen.

„Nein."

„Ich muss also hierbleiben?"

„Wir werden dir einen angenehmen Aufenthalt bereiten", versicherte mir die Frau. Sie sprang in die Höhe. „Und wir fangen gleich mit einem Zimtbrötchen an. Frisch aus dem Rohr."

Normalerweise liebte ich alles mit Zimt. In diesem Augenblick aber wurde mir übel.

Weil ich nicht mehr reden wollte, holte ich mein Handy aus der Tasche.

Der Bildschirm war dunkel. Ich drückte den Einschaltknopf, aber es erschien nur das Batteriesymbol mit einem roten Strich.

Akku leer.

Ich kramte das Ladekabel aus der Tiefe der Tasche und sah mich nach einer Steckdose um. Im Vorraum gab es keine.

„Wo kann ich mein Handy aufladen?"

Der Mann nahm mir das Kabel aus der Hand. „Die funktionieren hier nicht."

„Aber ich habe im Internet gelesen, hier gäbe es die gleichen Steckdosen wie in meiner Heimat."

„Nicht hier im Haus. Es hat früher Engländern gehört und die haben ihre eigenen Steckdosen einbauen lassen. Wir haben sie nicht ausgetauscht."

„Ihr habt doch sicher einen Adapter?", fragte ich verzweifelt.

„Nein. Wir haben auf alle Geräte englische Stecker montiert."

„Ich brauche aber einen Adapter."

„Tut mir leid, wir haben keinen."

„Das heißt, ich kann mein Handy nicht laden?" Meine Stimme bebte.

„Ja, so ist es."

Die Frau kam zurück. Auf dem Tablett türmten sich kleine Brötchen.

„Und es ist gut."

Ich konnte nicht mehr.

„Nein!", brüllte ich los.

15

Mein Gastgeber stand auf. Da er mindestens zwei Köpfe größer war als ich, fiel sein Blick auf mich hinunter.

„Du schreist meine Frau nicht an, verstanden?"

Ich fühlte mich wie ein schlimmes Kind, mit dem geschimpft wurde. Aber ich war ein erwachsener Mensch und hatte das nicht nötig. Deshalb erhob ich mich auch und erwiderte den Blick, ohne zu blinzeln.

„Ich will telefonieren. Ich kann nicht verstehen, wieso ihr keinen Adapter habt."

Die Frau hielt mir das Tablett entgegen. „Greif zu und lass es dir schmecken."

Ihr Mann und ich standen uns noch immer gegenüber und starrten einander in die Augen, wie zwei Hunde, von denen einer der beiden gleich einen Kampf beginnen würde.

„Das hier ist ein Witz", knurrte ich.

„Mag sein", gab mir der Mann recht, ohne mit der Wimper zu zucken.

„Ist aber sicher gut", fügte seine Frau hinzu.

Es wurde mir zu viel. Ich ließ mich in das kaputte Sofa zurückfallen und hörte, wie unter mir die Luft aus dem Kissen entwich.

Das Gesicht in die Hände gestützt saß ich da und wollte am liebsten heulen.

„He, können wir uns beruhigen?", fragte der Mann.

Nein, ich wollte und konnte mich nicht „beruhigen", was auch immer er darunter verstand.

„Wieso geht in meinem Leben alles schief? Wieso kann nicht endlich etwas funktionieren? Das ist alles so ungerecht."

„Ja, das ist es sicherlich", stimmte mir die Frau zu. Weil ich nicht zugriff, hielt sie mir ein Brötchen unter die Nase. Ich stieß ihre Hand weg. Sie nahm es hin. Nach einer kleinen Pause sagte sie: „Sieh es als gut."

Waren die beiden verrückt?

„Nein, nein, nein", sagte ich langsam. „Nichts ist gut. Nichts, nichts, nichts. Und ich hasse, dass es so ist, wie es ist. Könnt ihr das nicht verstehen?"

Als ich aufsah, spürte ich, wie Tränen meinen Blick verschleierten.

„Wir verstehen dich", versicherte mir die Frau. „Aber was wird besser, wenn du ändern willst, was einfach so ist, wie es ist?"

„Wie bitte?"

„Was du aufgezählt hast, das ist, wie es eben ist. Wird irgendetwas davon besser, wenn du nicht willst, dass es so ist?"

Nein, da hatte sie leider recht. Alles blieb so beschissen, wie es war.

„Trotzdem", erwiderte ich müde. „Nichts von all dem, was schiefläuft, ist gut."

„Was davon wird einfacher, wenn du es als schlecht und schwer betrachtest?"

„Ich kann da nicht mehr mit. Ich will schlafen", sagte ich.

„Das verstehen wir. Du musst zum Umfallen müde sein nach dieser Reise. Komm!"

Die rundliche kleine Frau bewegte sich flink wie ein Wiesel die Treppe hoch. Ihr Mann brachte meinen Koffer und die Tasche nach.

Das Zimmer lag genau unter dem Dachgiebel und hatte auf beiden Seiten schräge Wände. Das Einzelbett an der Wand war mit einem bunten Quilt bedeckt, wie ihn die Pilotin genäht hatte. Es gab keine Fenster, dafür aber eine Tür mit einer Glasscheibe.

„Dein eigener Balkon", wurde mir erklärt. Meine Gastgeberin öffnete die Tür und ließ die schwüle, warme Nachtluft herein. Das Getöse der Wellen war zu hören. „Du hast den besten Blick zum Meer. Von den anderen Zimmern sieht man in die Palmen."

„Handtuch hängt hier, in der Toilette ist ein Waschbecken zum Zähneputzen", sagte der Mann.

„Schlaf, solange du willst. Frühstück gibt es rund um die Uhr", sagte die Frau.

„Wenn du etwas auf dem Dach hörst, sind das nur die Kokosratten. Harmlos", meinte der Mann.

„In der ersten Nacht träumen manche wilde Dinge hier", sagte die Frau und lächelte.

„Wir sind im Erdgeschoss zu finden, wenn du etwas brauchst", sagte der Mann.

„Danke."

Ich brauchte nur noch eines: Schlaf.

16

Meine innere Uhr war völlig durcheinander. Die Ortszeit war halb zehn Uhr in der Nacht. Zu Hause aber war es bereits Vormittag. Ich war hundemüde und gleichzeitig hellwach.

Der Rum im Punsch half ein wenig beim Einschlafen.

Am nächsten Morgen wachte ich schweißgebadet auf. Die Erinnerungen an meine Träume waren sehr schwach, allerdings hatten sie ein Gefühl von Angst und Unruhe hinterlassen.

Es dauerte eine Weile, bis ich mich zurechtfand und wieder wusste, wo ich war. Durch die Jalousie drang sanft das Licht ins Zimmer.

Nackt, wie ich mich hingelegt hatte, tappte ich Richtung Balkon. Zunächst zog ich die Jalousie hoch. Von draußen strahlte mir die Sonne ins Gesicht und ich musste die Augen schließen. Vorsichtig spähte ich durch die Wimpern und tastete nach der Klinke. Ich öffnete die Tür und warme Luft schlug mir entgegen.

Die Gerüche von Meer, Seetang und Fisch stiegen mir in die Nase. Ich atmete die Meeresluft tief in meine Lungen ein, hielt sie dort ein wenig und stieß sie dann lange und gründlich aus.

Irgendwo schrie ein Vogel einen mehrtönigen Ruf, den ich nicht zuordnen konnte.

„Guten Morgen, gut geschlafen?" Rechts unter meinem Balkon stand meine Gastgeberin und winkte herauf. „Tee oder Kaffee? Oder schon ein Gläschen Rum zum Frühstück?"

Ich flüchtete in mein Zimmer und rief: „Kaffee, bitte." Schnell schlüpfte ich in die Shorts, die ich bei meiner Ankunft getragen hatte, nahm meinen Waschbeutel und machte mich auf den Weg nach unten.

Eine halbe Stunde später saß ich auf einer Veranda, vor mir erstreckte sich das Meer. Der Tisch war reichlich für mich gedeckt worden. Neben einer Früchteplatte gab es frisch gebackenes Brot, Käse, Eier, Porridge und Fruchtaufstriche. Ständig eilte die kleine Frau in die Küche und brachte immer mehr.

„Danke, genug. Das kann ich nicht alles essen", bremste ich sie ein.

„Ich meine es immer zu gut, nicht wahr?", sagte sie lachend. „Soll ich dir ein bisschen Gesellschaft leisten?"

„Gerne." Ich fühlte mich zu müde für ein Gespräch, aber allein wollte ich auch nicht sein.

„Der Regen ist vorbei. Eigentlich müsste meine Reise doch weitergehen", sagte ich.

„Wir werden es bestimmt erfahren."

„Ich muss mein Handy aufladen. Wenn ich mich nicht melde und nicht erreichbar bin, machen sich meine Leute Sorgen."

Das war eine Lüge. Meine Mutter war gegen die Reise gewesen. Und nach dem eisigen Abschied von der Liebe, die bis dahin Teil meines Lebens gewesen war, würde ich wohl auch von ihr nicht besonders vermisst werden.

„Ja, so ist das."

Nein, nicht schon wieder, dachte ich. Aber da kam auch schon der zweite Teil.

„Und es ist gut so.“

„Ich will das nie wieder hören“, sagte ich heftiger, als ich es beabsichtigt hatte.

„Schade. Dein Leben wäre um einiges einfacher.“

„Das glaube ich nicht. Das ist doch nur so eine Art von positivem Denken, bei der man sich alles schönredet, obwohl es das nicht ist.“

„Bist du fertig?“ Meine Gastgeberin deutete auf meinen Teller.

„Danke, ja.“

„Ich trage schnell alles hinein und dann zeige ich dir den Strand.“

Obwohl ich in einem Hotel wohnte, wollte ich mich nicht einfach bedienen lassen und half mit. Eigentlich wäre ich lieber allein zum Strand gegangen, aber die kleine, geschäftige Frau wich mir nicht von der Seite.

Nie zuvor hatte ich einen so langen und so hellen Sandstrand gesehen. Das Weiß des Sandes blendete mich und ich hatte meine Sonnenbrille vergessen.

Ein Stück weiter gab es höhere Wellen, auf denen ein Surfer mit viel Geschick dahinglitt.

„Die Welle ist hoch“, sagte die Frau.

„Ja."

„Und kräftig."

Wieso sagte sie das?

„Hast du dich schon einmal gegen eine solche Welle geworfen?"

„Ja. Sie hat mich überrollt." Es gab davon sogar Fotos. Sie stammten aus meinem Urlaub vor drei Jahren. Die Gischt hatte eine Schaumkrone um meinen Kopf gebildet, als die Welle über mich hinwegging.

„Hoch. Kräftig. Im Zusammenstoß hart. Ja, genau so ist die Welle." Ich spürte, wie mich die Frau von der Seite ansah. „Der Surfer weiß es und er bestreitet es nicht. Aber er reitet auf der Welle. Denn die Welle ist gut. Er könnte sie auch zu seiner Feindin erklären und dagegen ankämpfen, aber dann würde er untergehen."

Ich konnte zuerst nichts dagegen sagen. Mir fiel aber dann doch etwas ein.

„Der Vergleich klingt nett. Aber die Wirklichkeit ist anders. Ich meine, jeden Tag kann etwas Schreckliches geschehen. Ich habe praktisch mein ganzes Geld verloren."

„Hast du es wiederbekommen, indem du es nicht wahrhaben wolltest?"

„Nein."

„Ja, so war es. Du hast dein Geld verloren."

„Aber das war nicht gut. Das war eine Pleite. Es war eine Katastrophe. Es hat mich zerstört."

Sie machte eine Geste von meinem Kopf bis zu meinen nackten Füßen, die von den auslaufenden Wellen umspült wurden.

„Du siehst nicht kaputt aus."

„Trotzdem war der Verlust schrecklich für mich. Nichts daran war gut."

„Das kannst du noch nicht wissen. Vielleicht stellst du demnächst oder in ein, zwei oder fünf Jahren fest, dass es das Beste war, das dir passieren konnte."

„Das ist nicht möglich", begann ich den Satz, vollendete ihn aber nicht.

Ich hatte Leute aus meinem Umkreis schon einige Male davon reden gehört, es wäre ein Glück gewesen, dass sie eine Stelle nicht bekommen hätten oder ihnen eine Wohnung, die sie gerne wollten, durch die Finger gegangen war. Später fanden sie etwas Besseres.

„Aber ich kann doch nicht alles, was mich aufregt oder ärgert, als gut bezeichnen", protestierte ich.

„Mein Mann und ich, wir haben uns angewöhnt, zu sagen: ‚Ja, so ist es.' Seither ärgern wir uns weniger und ersparen uns Aufregungen. Wir finden nicht alles gut, trotzdem versuchen wir, es so zu sehen und zu benennen."

Der Blick der Frau wanderte wieder über das Meer und seine Wellen, ehe er dem Surfer folgte, der auf seinem Brett zum nächsten Wellenkamm paddelte.

„Mag sein, dass wir uns etwas anderes gewünscht haben. Doch wenn wir das, was geschehen ist, gutheißen, wie es eben ist, dann ist unsere Enttäuschung darüber geringer."

17

Meine Gastgeberin ließ mich allein am Strand zurück, da sie Handwerker erwartete. Ihr Mann war
zum Markt gegangen, um einzukaufen.

Das Wasser des Meeres war warm und streichelte
meine Füße. Langsam ging ich den Strand entlang.
Die Abdrücke, die ich hinterließ, wurden von der
nächsten Welle gleich wieder weggespült.

Ich konnte nicht glauben, Tausende Kilometer
von zu Hause fort zu sein. Die Insel und die Palmen, die bis nahe ans Wasser wuchsen, fühlten sich

unwirklich an. Außerdem plagte mich der Jetlag. Die Zeiger meiner inneren Uhr drehten sich gleichzeitig in beide Richtungen.

Wenn ich nur endlich das Ziel meiner Reise erreichen würde. Ich sehnte mich nach dem kleinen Haus, das auf den Fotos so einladend und gemütlich ausgesehen hatte. In Gedanken hatte ich schon eine Weile darin gewohnt.

Weil die Sonne vom Himmel brannte, entfernte ich mich ein Stück vom Wasser und ging Richtung Palmen. Hinter ihnen wucherten Pflanzen mit fleischigen Blättern sowie roten und weißen Blüten. Ich setzte mich in den Sand und lehnte mich mit dem Rücken gegen einen Stamm. Die Arme um die Knie geschlungen saß ich da und ließ meinen Blick über die Wellen zum Horizont wandern.

Ich kann nicht mehr sagen, wie lange ich so gesessen war. Auf einmal überkam mich dieses seltsame Gefühl, als würde mich jemand anstarren. In einem Roman würde es heißen: „Blicke bohrten sich in meinen Rücken." In meinem Fall aber kam das Bohren von links.

„He!", rief ich.

Etwas entfernt stand das Kind, das sich im Flieger neben mich gesetzt hatte. Ich erkannte es wieder. Es erinnerte mich an …

„He!", rief ich ihm erneut zu.

Das Kind stand einfach da, die Augen zu schmalen Schlitzen gepresst, und starrte.

„He, wie kommst du hierher? Wer bist du?"

Weil ich keine Antwort bekam, schnellte ich in die Höhe. Als ich einen Schritt auf das Kind zu machte, flüchtete es in den Palmenwald.

Ich musste das Kind einholen und aufhalten. Ich musste sein Gesicht aus der Nähe sehen. Im Flugzeug war es dunkel gewesen, nun aber bei Tageslicht hatte ich erkannt, an wen es mich erinnerte. Ich musste Gewissheit bekommen.

Wie ein Hase, der ständig Haken schlug, flitzte das Kind zwischen den Bäumen hindurch. Es zwängte sich durch Büsche und mehrere Male verlor ich es aus den Augen. Ein Knacken oder Rascheln verriet mir die Richtung, die es genommen hatte, und ich konnte die Verfolgung fortsetzen.

Immer tiefer ging es in den Wald hinein. Als ich einen Blick hinter mich warf, waren dort nur Bäume und Buschwerk zu sehen, kein Strand und kein Meer. Ich machte mir Sorgen, wie ich den Rückweg finden sollte.

Doch ich wischte diese Gedanken beiseite. Irgendwie würde ich schon wieder zum Strand gelangen.

Dieses Kind einzufangen, war wichtiger als alles andere.

Ich sah seinen Haarschopf kurz zwischen den Bäumen auftauchen. Es rannte nach rechts. Ich schlug die gleiche Richtung ein, um ihm vielleicht den Weg abschneiden zu können.

„Da bist du ja", hörte ich jemanden sagen.

Ich blieb stehen. Über mir riefen ein paar Vögel ihr Kukuru und Kolit-Kolit.

Da war ein Weg. Jemand hatte ihn ins Unterholz geschlagen und den Boden festgestampft. Die Büsche wucherten schon wieder über die Ränder, als wollten sie ihren Platz zurückerobern.

Vor mir, so, dass ich sie gut sehen konnte, standen das Kind und eine erwachsene Person. Beide kehrten mir den Rücken zu.

Dem Kind wurde eine Hand hingestreckt, die es ergriff.

„Gehen wir weiter?"

Das Kind sah hoch und nickte stumm.

„He, hallo!", rief ich.

Die beiden drehten sich um.

Das Geschrei der Vögel verstummte schlagartig.

Mein Eindruck von vorhin hatte mich nicht getäuscht. Ich kannte das Kind und ich wusste, wieso

es mir ein so unbehagliches Gefühl bereitete. Ich erkannte auch, wer da neben ihm stand.

Beide waren ich.

Ich als Kind.

Ich um mindestens zehn Jahre älter als heute.

18

„He!" Mehr brachte ich nicht heraus.

Beide winkten mir.

Das erwachsene Ich lächelte. Das Kind hob seine Hand in die Höhe und zog die andere dabei mit. Es wirkte, als würde es sie noch fester drücken. Beide sprachen nicht. Sie wandten sich um und gingen davon.

„Wartet!" Ich rannte ihnen nach. Mein Herz raste. „Bleibt stehen."

Der Weg machte eine Biegung, hinter der sie verschwanden. Obwohl ich sicherlich nur Sekunden später dort ankam, konnte ich sie nicht mehr sehen. Ich suchte weiter, lief einmal nach links in den Wald, dann nach rechts. Ich folgte dem Weg immer weiter.

Sie waren fort.

Schließlich lichteten sich die Bäume und ich kam zu einer Straße. Sie war asphaltiert und kerzengerade.

Warum hasst du mich? Die Frage des Kindes, die es mir im Flugzeug gestellt hatte, klang in meinen Ohren nach.

Meine Mutter hatte einige Male ausgedruckte Kinderfotos von mir mitgebracht, aber ich hatte immer eine Ausrede gefunden, wieso ich sie nicht mit ihr ansehen wollte.

Mir wurde schwindlig. Ich ließ mich am Rand der Straße auf einen Kilometerstein sinken.

Das konnte doch nicht ich gewesen sein? Weder als Kind noch als ältere Version von mir.

Reiß dich zusammen!

Das Kind hatte von seinem Vater erzählt, der geschimpft hatte, weil es über den Tod seines Hundes weinte.

Reiß dich zusammen!

Das hatte auch ich gesagt bekommen. Damals, als mein Vater für ein halbes Jahr fortging. Bei seiner Abreise weinte ich. Und jeden Tag danach.

„Reiß dich zusammen", hatte meine Mutter mich ermahnt. Als mein Vater nie mehr zurückkehrte, war mein Kummer grenzenlos. Ich brach ständig in Tränen aus.

Reiß dich zusammen!

Zuerst mit ruhiger Stimme, dann immer heftiger hatte es mir meine Mutter befohlen. Meine Traurigkeit ging ihr auf die Nerven.

Mein Vater war Arzt gewesen und hatte für sechs Monate eine Stelle in Afrika angenommen. Nur wenige Wochen vor seiner Rückkehr war völlig unerwartet ein Bürgerkrieg ausgebrochen. Das Krankenhaus war von Soldaten besetzt worden. Mein Vater und die anderen Ärzte versahen weiter ihren Dienst.

Dann erreichten die Kämpfe die Stadt, in der das Krankenhaus lag. Mein Vater, der eine Verwundete verarzten wollte, wurde von einem abprallenden Geschoss am Hals getroffen und erlag seinen Verletzungen.

Ich war damals erst vier Jahre alt gewesen. Vom Tag des Begräbnisses wusste ich nur noch, dass viele Leute lange Ansprachen hielten, die ich alle nicht verstand. Sehr wohl aber verstand ich, dass mein

Vater nicht mehr nach Hause kommen würde. Mit jedem Tag wurde der Schmerz schlimmer.

„Deine Mutter war nie damit einverstanden, dass dein Vater für diese Organisation arbeitete", hatte mir meine Großmutter erklärt, als ich zwölf war. „Ihr beide solltet deinen Vater begleiten, aber deine Mutter wollte nicht."

Von meiner Großmutter erfuhr ich auch, dass meine Mutter meinen Vater von seinem Vorhaben abbringen wollte. Es war ihr aber nicht gelungen.

„Deine Mutter ist zornig, weil dein Vater es doch getan hat. Ihre Wut war immer größer als ihre Trauer", meinte meine Großmutter.

Reiß dich zusammen!

Die Worte taten so weh.

Ich sah meine Mutter vor mir, wenn sie aufbrauste und mich zurechtwies, ich sollte endlich mit der Heulerei aufhören. Sie würde meinen Vater auch nicht zurückbringen.

Ich hatte deshalb nie ein gutes Verhältnis zu meiner Mutter gehabt und viel Zeit bei ihrer Mutter, meiner Großmutter, verbracht. Leider verstarb sie viel zu früh. Die Eltern meines Vaters waren schon lange tot.

Das ältere Ich hatte mich als Kind an der Hand genommen. Die zwei hatten einen vertrauten Eindruck gemacht, einen liebevollen. Sie hatten mich weder ablehnend noch vorwurfsvoll angeblickt. Den Ausdruck in ihren Gesichtern konnte ich nicht benennen. Er löste in mir aber etwas Angenehmes aus.

Ein Auto kam und rollte neben mir aus. Ich erkannte den Pick-up wieder. Ich ging darauf zu und stieg ein.

„Du hast aber einen langen Spaziergang gemacht", stellte der Besitzer des Hotels fest. Er redete auf der Fahrt von dem Gemüse, das er gekauft hatte, und von der frischen Pasta, die eine Bewohnerin der Insel mit ihrer Familie herstellte.

„Und ich habe ein Ladegerät für dein Handy auftreiben können", sagte er.

19

Nachdem ich das Handy angesteckt hatte, blieb ich daneben auf dem Boden sitzen und starrte auf die Anzeige. Das Batteriesymbol blinkte noch immer rot.

„Ladezustand: 1 Prozent."

Der Akku musste zehn Prozent geladen sein, bevor ich das Handy verwenden konnte.

„Ladezustand: 2 Prozent", las ich nach einer gefühlten halben Ewigkeit.

Meine Gastgeber luden mich zu einem Barbecue ein. Es gab Fisch und gegrillte Ananas.

„Da sage ich nicht Nein", lautete meine Antwort. „Ich komme gleich, ich möchte nur davor noch meine Nachrichten checken. Vielleicht geht mein Flug endlich."

Als das Batteriesymbol grün aufleuchtete, öffnete ich erwartungsvoll alle Nachrichten-Apps.

Nichts.

Auf keiner war die Nachricht eingegangen, auf die ich gehofft hatte.

Ich ließ das Handy angesteckt und drückte die Kurzwahl für den Menschen, der mir so sehr fehlte und dem ich sagen wollte, wie groß meine Liebe zu ihm war.

„Entfernung lässt die Sehnsucht wachsen", besagte eine Redensart.

WLAN gab es keines im Hotel. Ich musste also ein normales Telefonat führen. Weil ich schon zu Hause nachgesehen hatte, wusste ich, dass jede Minute ein halbes Vermögen kostete. Aber das war es mir wert.

Ich hörte kein Freizeichen. Es kam sofort die Ansage: „Ist derzeit nicht erreichbar."

Ich schickte eine Nachricht. Datenübertragung war noch teurer als Telefonieren. Die Nachricht ging durch, aber es kam keine Bestätigung, dass sie empfangen worden war.

Pling!

Eine Nachricht für mich.

Aber wieder nicht die Nachricht, die ich erhofft hatte, sondern von meinem Netzbetreiber.

„Sie haben Ihre Höchstgrenze für Datenübertragung erreicht. Falls Sie den Betrag erhöhen wollen, wenden Sie sich an unser Kundencenter."

Das konnte ich vergessen. Im Schnitt hing man dort eine halbe Stunde in der Warteschleife. Ich musste mich gedulden, bis ich am Ziel war. In meinem gemieteten Haus gab es Internet.

Nach dem Barbecue blieb ich auf der Terrasse sitzen, beobachtete das Meer und döste ein. Als ich aufwachte, war es 16 Uhr. Ich warf einen Blick auf mein Handy, doch es war noch keine neue Nachricht bezüglich des Fluges eingetroffen. Ich rief die Nummer an, die auf der Buchung stand. Es wurde nicht abgehoben. Auch weitere Versuche blieben erfolglos. Schließlich bat ich meine Gastgeber, mich zum Flugplatz zu fahren.

Sie deuteten zum Himmel, wo sich dunkle Wolken türmten.

„Sieht nicht gut aus. Deshalb kannst du niemanden erreichen. Unserer Erfahrung nach musst du bis morgen warten."

Die beiden lächelten mich an.

„Ja, so ist es", sagte ich gehorsam.

Ihr Lächeln wurde breiter.

„Und es ist gut", fügte ich hinzu.

Im Stillen dachte ich mir, auch wenn es nichts nützt, so schadet es nicht.

Das Gewitter brach eine halbe Stunde später los. Die Fenster und Türen des Hauses wurden verriegelt und mit dicken Fensterläden geschützt. Der Sturm, der über die Insel zog, drang durch jede Ritze und rüttelte an den Läden. Mir kam es vor, als würde das ganze Haus erbeben.

„Sagt nicht, dass das gut ist", verlangte ich.

„Es ist, wie es ist. Das reicht auch", erwiderten die zwei. „Die Angst davor können wir bis heute nicht ablegen. So ein Sturm kann eine ziemliche Zerstörung hinterlassen."

Danke.

Das beruhigt mich sehr, dachte ich bitter.

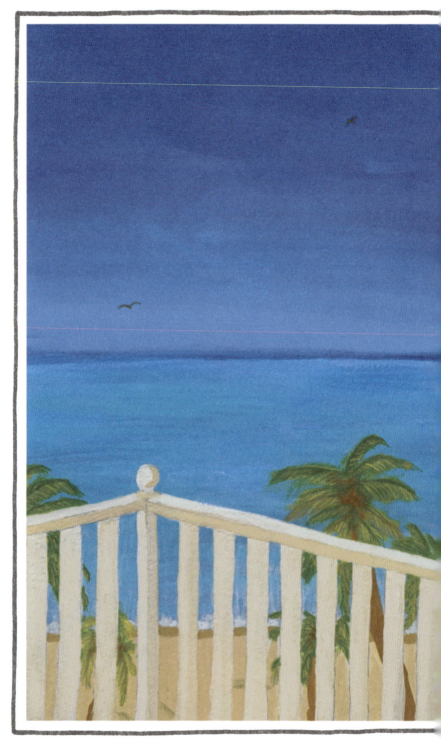

20

Der Sturm beruhigte sich am späten Abend, ich mich schließlich auch.

In der zweiten Nacht schlief ich besser. Beim Aufwachen hatte ich das Gefühl, nicht geträumt zu haben.

Um auf den Balkon zu treten, musste ich nicht nur die Türe öffnen, sondern auch die zahlreichen Riegel des Ladens lösen, die außen in Schienen verliefen und zum Schutz vorgeschoben worden waren.

Die Sonne empfing mich, als hätte es kein Unwetter gegeben. Der Himmel war von einem tiefen

Blau, wie ich es nur selten zuvor gesehen hatte. Auf dem Boden vor dem Haus lagen Palmblätter, die der Sturm abgerissen hatte.

Zu meiner großen Überraschung stellte ich fest, dass es schon elf Uhr vormittags war. Ich rechnete aus, dass zu Hause bereits der Abend angebrochen sein musste. Mein Handy war geladen und ich startete einen neuen Versuch, anzurufen.

… derzeit nicht erreichbar.

Wieso war das Handy meines Lieblingsmenschen abgedreht? Das war untypisch.

Mittlerweile fand ich mich im Haus zurecht. Zwanzig Minuten später erschien ich geduscht und in frischem Gewand am Frühstückstisch auf der Strandveranda. Er war wieder reichlich gedeckt worden.

Meine Gastgeber setzten sich beide zu mir und leisteten mir Gesellschaft. Ich war froh darüber.

„Gestern … es muss Einbildung gewesen sein", begann ich und deutete zum Strand. „Dort war ein Kind." Ich versuchte, ihnen mein Erlebnis zu erzählen, aber selbst für mich klang es wirr und verrückt. Trotzdem hörten mir die beiden aufmerksam zu. Sie machten nicht den Eindruck, als wären sie besonders verwundert. Ihre gelassene Art verunsicherte mich. Deshalb wechselte ich das Thema.

„Ich habe gehört, auf der Insel, auf die ich will, gibt es einen Strand der Wünsche.“

„Auf welche Insel willst du genau?“

Ich nannte den Namen.

Sie runzelten die Stirn. „Bist du sicher?“

„Ja, natürlich bin ich sicher. Ich denke seit Monaten an nichts anderes als an diese Insel.“

Die zwei wechselten einen langen Blick.

„Was ist los? Wieso seht ihr euch so an?“

„Du bist doch hier schon auf der Insel, auf die du wolltest.“

Das konnte nicht sein!

„Die Flugzeit war viel zu kurz“, sagte ich. „Die Landung zu früh. Und die Pilotin meinte, sie wird sich melden, wenn der Weiterflug möglich ist.“

„Pilotin?“, fragte mein Gastgeber.

„Ja. Eine zierliche Frau mit einem Gesicht wie eine Puppe.“

Wieder sahen sich die zwei an.

„Eine zierliche Frau hat das Flugzeug gesteuert?“

„Ja.“

„Die Pilotin des Inselfliegers ist eine Frau, das stimmt. Aber sie ist nicht zierlich. Ganz im Gegenteil. Sie sagt immer, sie müsse für sich Übergewicht einrechnen“, erzählten die zwei kichernd.

Ich sah die Pilotin wieder vor mir: ihr zierliches Gesicht mit den feinen Zügen, die glatte Haut, die für ihr Alter erstaunlich war. Ich erinnerte mich, wie sie an dem Quilt genäht hatte. Die Bewegungen lösten eine Vertrautheit in mir aus.

Auf einmal stiegen mir Tränen in die Augen.

„Um Himmels willen, was ist denn?", wollten meine Gastgeber besorgt wissen.

„Diese Pilotin ... diese Frau ..."

„Es gibt sicherlich eine Erklärung, wieso sie das Flugzeug geflogen hat. Vielleicht ein Ersatz. Oder eine Vertretung."

„Nein, das ist es nicht." Weil ich vor Schluchzen kaum atmen konnte, stand ich auf und ging Richtung Strand. Die beiden folgten mir.

„Haben wir etwas Falsches gesagt?"

Ich schüttelte den Kopf. „Nein, es ist nur ..."

Ich wischte mir die Tränen aus den Augen.

„Die Frau sah genauso aus wie meine Großmutter."

21

Ich meinte die Mutter meines Vaters. Sie war eine unendlich liebevolle Frau gewesen. Auf einmal kehrten so viele Erinnerungen zurück: ihr angenehmer Geruch nach einem rauchigen Parfüm, die Art, wie sie mich in den Arm nahm, die Stunden, in denen ich auf ihrem Schoß saß und sie mir Geschichten vorlas. Die Spaziergänge im Wald, zu denen ich nur bereit war, weil sie mir immer von fantastischen Wesen erzählte, die sich zwischen den Bäumen versteckten.

Ich hatte ihr Gesicht lange vergessen gehabt und erst neulich wiedergesehen, als meine Mutter die

Kinderfotos auf dem Tisch ausbreitete. Auf einem saß ich neben meiner Großmutter und drückte mich an sie. Sie hatte den Arm um mich gelegt und wir lachten beide.

Damals musste ich vier Jahre alt gewesen sein. Vielleicht fünf. Sie starb an einem Schlaganfall, noch bevor ich in die Schule kam. Weil ich nicht fassen konnte, dass sie einfach fort war, von einem Tag auf den anderen, hatte ich wohl alle Erinnerungen an sie begraben.

Ich machte einen Schritt ins Wasser, bückte mich und bespritzte mein Gesicht. Reden konnte ich immer noch nicht. Der Schmerz in der Kehle war zu groß. Schließlich erhob ich mich und lief angezogen ins Meer. Ich tauchte unter, sprang hoch und schlug mit den Armen um mich.

Am Strand standen der lange Mann und seine pummelige kleine Frau und lächelten mich an, als ich zu ihnen zurückkam.

„Bin ich hier wirklich auf der richtigen Insel?", vergewisserte ich mich. „Wir hätten erst eine Stunde später ankommen sollen."

„Die Zeit hat gestimmt. Hier auf der Insel stellen wir die Uhren eine Stunde vor, damit wir längere Abende haben", erklärten sie mir.

Mir fiel ein, dass die Pilotin nicht von einem Weiterflug gesprochen hatte, sondern nur davon, dass es für mich noch weiterginge. Aber nicht an diesem stürmischen Abend.

„Mein Haus! Das Haus, das ich gemietet habe, muss hier irgendwo sein", sagte ich. Die Adresse kannte ich auswendig. Als ich sie nannte, nickten die beiden.

„Das liegt auf der anderen Seite der Insel." Sie konnten mich erst am nächsten Tag hinfahren, da der Sturm einen Teil der Straße unter Wasser gesetzt hatte.

„Es ist, wie es ist", hörte ich mich leise sagen.

„Ja, so ist es", erwiderten die beiden, die links und rechts von mir standen.

„Und es ist gut, findest du nicht auch?"

Gegen diesen Gedanken sträubte sich in mir noch immer einiges, aber um ihnen einen Gefallen zu tun, sagte ich: „Es ist gut so."

Nachdem ich es ausgesprochen hatte, fühlte ich mich ruhiger und freier.

Unermüdlich rollten die Wellen heran. Ich war am schönsten Strand, den ich jemals gesehen hatte, und würde es hier auch noch etwas länger aushalten. Ich war bei Menschen, die Ruhe und Festigkeit aus-

113

strahlten, die mir guttaten. Mir fehlte nur mein lieber Lebensmensch, der nicht zu erreichen war. War unser Streit doch schlimmer gewesen, als ich dachte? Blieben meine Anrufe deshalb unbeantwortet?

„Ich gehe spazieren", sagte ich.

„Tu das. Das ist übrigens der Strand, nach dem du gefragt hast", sagten sie und deuteten auf den Sand unter unseren Füßen. „Er wird Strand der Wünsche genannt."

22

Nachdem ich mir trockene Sachen angezogen hatte, liehen mir meine Gastgeber einen großen Sonnenhut und gaben mir Sonnenmilch. Beides nahm ich dankend an.

Um nicht bei jedem Schritt einzusinken, ging ich dort, wo der Sand von den Wellen feucht und fest war.

Ich ging und ging und ging und ging. Manchmal fand ich eine besonders schöne Muschel und hob sie auf. Aber ich behielt keine, sondern warf sie nach einer Weile wieder zurück ins Meer.

Da war ich also an jenem Strand, wo Wünsche eine Art Turbo bekamen, um schneller in Erfüllung zu gehen. Angestrengt überlegte ich, was ich mir hier wünschen könnte. Ich wollte die Gelegenheit nützen, wenn ich schon einmal hier war. Da mein Haus auf der anderen Seite der Insel lag, würde ich vielleicht nicht so bald wieder hierherkommen.

Was sollte ich mir wünschen, wenn ich nicht wusste, was ich wollte?

Ich hatte mir sechs Wochen Zeit gegeben. Heute war erst der zweite Tag auf der Insel. Vermutlich machte ich einfach zu viel Druck auf mich selbst, Antworten zu finden.

Die Erinnerungen an meine Großmutter hatten mich bewegt, traurig gemacht, aufgewühlt. Das war wesentlich besser als dieses Niemandsland in mir. Wenn ich dramatisch sein wollte, konnte ich es auch Vakuum nennen.

Ich drehte mich einmal im Kreis und stellte fest, dass ich völlig allein am Strand war. Obwohl ich sehr weit sehen konnte, war niemand anderer zu entdecken. Auf dem Meer fuhr kein Schiff, in der Luft segelte keine Möwe.

Statt frei und leicht fühlte ich mich aber einsam. Rund um mich schienen alle Farben zu verblassen.

Das Blau des Meeres, das Grün der Palmen, das helle Gelb des Sandes. Ich spürte wieder dieses Kratzen in der Kehle, das Tränen ankündigte.

Als ich so dastand und die Wellen meine Füße umspülen ließ, hörte ich aus der Ferne Musik. War das Reggae? Spielte jemand auf Steeldrums? Ich ging weiter, um herauszufinden, woher die Musik kam. Steeldrums hatten schon immer eine Faszination auf mich ausgeübt. Sie klangen nach ewiger Sonne und Wärme und gaben mir ein Gefühl von Freiheit und Ferien. Oder Urlaub, wie es erwachsene Menschen nannten.

Ein Stück weiter entdeckte ich bunte Fahnen und Lichter zwischen den Palmen. Im Schatten der Baumkronen lag eine gezimmerte Terrasse mit einem Sonnendach aus Stoff. Der Sturm hatte es zerrissen.

Hinter der Terrasse befand sich eine offene Bar mit Hockern, kleinen Tischen und Stühlen, alles aus rohem Holz und im Robinson-Stil.

Die Musik kam aus kleinen Lautsprechern, die an den Stützen des Sonnendaches montiert waren. Aus dem hinteren Teil der Bar trat jemand mit einer Leiter und Eimern.

Es war der Mann aus dem Flugzeug.

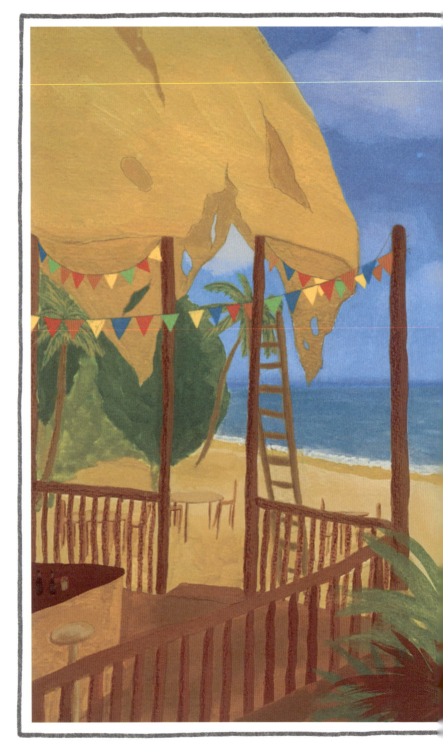

23

Als er die Leiter unter dem zerrissenen Dach auf-
stellte, bemerkte er mich.

„Du hast mich also gefunden!", rief er und winkte
mir, näher zu kommen.

„Durch Zufall. Ich mache einen Strandspazier-
gang."

„Es gibt keine Zufälle."

„Was ist es dann? Eine Fügung des Himmels? Oder
hat mich eine unsichtbare Hand gelenkt?" Ich nahm
den zynischen Ton in meiner Stimme wahr und ich
bemühte mich, ihn abzulegen. „Zufall ist doch nichts
Schlechtes."

„Zufall ist aber auch nichts, worauf man sich verlassen kann. Er ‚fällt' uns eben zu." Er holte einen dicken Faden und eine lange Nadel aus dem Eimer. Nachdem er ein Ende des Fadens kurz in den Mund genommen hatte, drehte er ihn ein wenig, damit er fester wurde und er den Faden durch das Öhr stecken konnte.

Ich deutete zu dem Riss. „Kann ich helfen?"

„Hinsetzen, einfach nur schön sein und den Tag genießen, das reicht."

Ich blieb stehen, weil ich mir nichts befehlen lassen wollte.

„Ich hätte das Sonnendach jeden Abend abnehmen können. Aber das ist umständlich", fuhr der Mann fort. „Ich habe damit gerechnet, dass der Sturm ihm einmal zusetzen würde. Drei Jahre hat er es nicht getan. Und jetzt ..."

„... jetzt ist es kaputt", warf ich ein.

„Jetzt repariere ich es eben", korrigierte mich der Mann. Er stieg auf die Leiter, die unter seinem Gewicht wankte. Ich trat davor und hielt sie fest.

„Danke", sagte er.

„Es ist natürlich schön, wenn wir einen glücklichen Zufall erleben", sinnierte ich vor mich hin.

„Klar. Wer mag das nicht?" Er musste sich anstrengen, die Nadel durch den festen Stoff des Sonnendaches zu bohren. „Ich mag aber lieber die Mischung aus ‚mit allem rechnen‘ und ‚glücklichen Zufällen‘.“

„Was soll das sein?“

„Als kleiner Junge hat mir jemand einmal ein Lied vorgesungen. Es geht so:

> Row, row, row your boat
> Gently down the stream
> Merrily, merrily, merrily, merrily
> Life is but a dream

Seit damals sehe ich mich in einem kleinen Boot sitzen und einen Bach hinabrudern. Manchmal treibt das fließende Wasser mein Boot voran, manchmal muss ich selbst rudern, manchmal gibt es Stromschnellen und Felsen, die aus dem Wasser ragen. Ich gebe acht und weiche aus, bis mich der Bach wieder ein Stückchen schaukelt. So geht es immer weiter dahin.“

„Das ist doch nur ein Kinderlied“, sagte ich.

„Ach ja? Hast du Beweise, dass das Leben nicht so ist? Denk an die nächsten beiden Zeilen: Fröhlich, fröhlich, immerzu, das Leben ist doch nur ein Traum.“

„Und wie soll ich das verstehen?"

Er hielt mit dem Nähen inne und sah mich von oben herab an. „Nimm nicht alles so schwer und ernst."

„Aber das Leben ist schwer und es ist ernst. Man kann krank werden oder pleitegehen, wie ich es erlebt habe", platzte ich heraus.

„Stimmt. Ja. Genau so ist es."

Noch einer mit dieser Ja-so-ist-es-Ansicht, zuckte es mir durch den Kopf. Meine Wut meldete sich wieder.

„Was du jetzt gerade zu einem mächtigen Drama in deinem Kopf werden lässt, kann dir in einer Woche, einem Monat, einem Jahr oder zehn Jahren vorkommen wie ein Traum. Vielleicht kein guter, aber du bist aufgewacht und er kann dir nichts mehr anhaben. Deshalb wird es dir besser gehen, wenn du es lockerer nimmst."

Er riss den Faden ab, stieg die Leiter herab, stellte sich vor mich und begann, sich vom Kopf bis zu den Zehen zu schütteln. Seine Wangen schlenkerten, seine Schultern wackelten. Ich hätte diesem stämmigen Mann eine solche Beweglichkeit niemals zugetraut.

„Mach das auch!", forderte er mich auf.

Ich lehnte ab.

„Schüttel dich, lockere alles, dein Gesicht, deine Arme, deinen Bauch, deine Beine, deine Füße und vor allem dein Gehirn!" Abermals begann er mit dem seltsamen Tanz, bei dem sein Körper sich in Gummi zu verwandeln schien.

Er war einer dieser Menschen, denen man ansah, dass sie mich nicht eher in Ruhe lassen würden, bis ich getan hatte, was sie verlangten. Widerwillig fügte ich mich. Unlustig zuckte ich mit den Schultern.

„Viel zu steif."

Er machte es mir noch einmal vor.

Ich tat es ihm nach und ließ meine Arme schlenkern.

Er nickte und zeigte mir, wie er die Beine schüttelte.

Als er endlich zufrieden war, kam noch das Gesicht an die Reihe.

„Wangen hängen lassen und Kopf schütteln, dass sie fliegen."

Während ich es tat, hielt er sein Handy hoch und fotografierte mich. Als er mir das Foto zeigte, brach ich in Gelächter aus.

„Das ist das dümmste Gesicht, das ich jemals gemacht habe."

„Irrtum", sagte er. „Du hast gerade eine der intelligentesten Sachen gemacht, die ein Mensch tun kann. Du hast dich nicht so ernst genommen."

24

Eine Frau in einem langen, bunten Kleid, wie sie auf den Inseln sehr oft getragen wurden, erschien hinter der Theke der Bar. Sie winkte mir grüßend zu und wandte sich dann an den Mann, der mit mir hereingekommen war.

„Wie lange muss der Eintopf noch am Herd stehen? Ich fürchte, er brennt bald an."

„Du kannst ihn schon wegstellen", rief er zurück. Zu mir sagte er: „Meine Frau. Seit 32 Jahren. Meine beste Freundin und Liebhaberin."

Sie hatte es gehört und lachte.

„Glaub ihm kein Wort", sagte sie.

Ich zog die Augenbrauen zusammen. Wie meinte sie das?

„Wir sind schon seit 36 Jahren verheiratet, aber er gibt das nicht zu, damit er sich jünger machen kann", erklärte sie. Wieder lachten beide.

„Du musst meinen Kürbiseintopf kosten", sagte er.

Die Küche lag hinter der Bar. Sie war nicht groß, aber sehr funktional eingerichtet. Während er den Deckel von einem hohen Topf nahm und mit einem Löffel etwas vom Eintopf herausholte, stellte ich eine Frage, die mich brennend interessierte.

„Was ist das Geheimnis eurer Beziehung? Eurer Ehe? Sie ist doch glücklich, nicht wahr?"

„Wenn mich meine Frau nicht schlägt, dann ja", kam als Antwort.

Sie warf ein Geschirrtuch nach ihm. „Quatschkopf."

Nie zuvor hatte ich zwei Menschen so viel lachen gesehen.

„Zu deiner Frage", sagte der Mann. „Wir sind glücklich, weil wir nicht immer glücklich sind, sondern richtig aneinanderkrachen können. Aber wir vertragen uns schnell wieder und wollen es lieber lustig haben. Wir finden Lösungen."

„Er meint, ich gebe nach", sagte seine Frau augenzwinkernd. „Er bemerkt allerdings nicht, dass er am Ende immer tut, was ich will."

Und wieder wurde gelacht.

„Weißt du, von meinen Eltern habe ich etwas Wichtiges gelernt", fuhr sie fort. „Wir sollen einander wollen, aber einander nicht brauchen. Das Gerede von der ‚besseren Hälfte' ist blanker Unsinn. Wir sind ganz, so wie wir sind, und wir brauchen keine Ergänzung. Ein gutes Paar ist ein gutes Team, das miteinander durchs Leben gehen will."

In der Vergangenheit hatte ich mich in meinen Beziehungen nicht immer so verhalten.

Ein himmlischer Duft erfüllte die Küche.

„Kokos-Kürbis-Curry mit Ananas", wurde mir angekündigt. Ich bekam eine volle Schale und einen Löffel gereicht.

Der Eintopf war noch zu heiß, deshalb rührte ich ein wenig herum.

„Auf dem Flug hast du gesagt, du kennst den Sinn deines Lebens", erinnerte ich den Mann. „Ich sollte hierherkommen und dich danach fragen."

Er füllte zwei weitere Schalen, für sich und seine Frau.

„Mein Sinn besteht darin, das zu tun, was nur ich tun kann."

„Was bedeutet das?"

„Es hat eine Weile gedauert, bis ich wusste, was ich kann. Was ich auf meine Art machen kann. Was mir Freude macht und anderen nützt."

Ich deutete auf den Eintopf. „Kochen!"

„Nein. Das mache ich nur an meinen freien Tagen und in den Ferien. Es ist mehr ein Hobby. Unser Koch kann sich so auch einmal freinehmen."

„Was tust du dann?"

„Ich bin Fußballtrainer."

Ich glaubte, mich verhört zu haben. Er bemerkte mein Erstaunen.

„Ich wollte immer gerne Fußballtrainer sein."

„Du bist also Fußballtrainer?"

„Nein."

„Was jetzt?"

„Ich bin Lehrer. Ich unterrichte. Und nebenbei bin ich Trainer des Fußballteams der Schule."

„Aber ist dir das nicht zu wenig? Hast du keine größeren Träume gehabt? Trainer einer großen Mannschaft?"

„Natürlich. Aber das können andere besser als ich. Aus meinem Schulteam sind schon zwei Spieler Profis geworden. In den letzten Jahren habe ich eine Mädchenmannschaft aufgebaut und wir haben die

Landesmeisterschaft fast gewonnen. Dritter Platz. Nächstes Jahr kann es der erste werden."

Er sprach mit so viel Überzeugung, dass ich jedes seiner Worte glaubte.

„Er hat seine Träume nicht nach unten revidiert, sondern seinen Traum auf die beste Weise umgesetzt. Die Schule hatte noch nie einen besseren Trainer", erzählte seine Frau mit Stolz.

„Ich wüsste auch gerne, was das für mich bedeuten würde", sagte ich. Es war mehr ein lauter Gedanke als eine Frage.

„Ausprobieren. Mit Leuten sprechen, die ihren Beruf lieben. Vorbilder suchen. Es gibt viele Wege, das Richtige zu finden", erklärte seine Frau.

„Und das ist der Sinn des Lebens?" Es erschien mir zu einfach.

„Tun, was dir am Herzen liegt", fasste der Mann zusammen. „Manchmal ist es nicht möglich, deine größte Leidenschaft zum Beruf zu machen. Manchmal müssen wir einfach arbeiten, um Geld zu verdienen, um zu bezahlen, was wir brauchen. Aber trotzdem wird man nur glücklich, wenn man darüber hinaus etwas findet, um Herz und Seele zu erfreuen."

Ich dachte über seine Worte nach, doch noch immer kam mir vor, dass das allein zu wenig war.

25

Wir konnten endlich kosten, weil der Eintopf abgekühlt war. Der Geschmack des Currys war unglaublich lecker. Ich wollte unbedingt das Rezept haben. Zuvor aber musste ich nachhaken.

„Brauchen wir nicht mehr, damit uns das Leben sinnvoll erscheint?"

Beide nickten zustimmend.

„Die Erkenntnis, dass unsere Zeit auf diesem Planeten nicht endlos ist. Sie ist sogar reichlich kurz. Wir müssen entscheiden, wofür wir sie nützen wollen. Arbeit ist ein Teil davon. Aber eben nur ein Teil.

Es ist sinnvoll und tut auch manchmal gut, Tage einfach vergehen zu lassen, ohne viel zu tun. Auch das fällt unter ‚nützen‘.“

Wir kehrten aus der Küche zurück auf die überdachte Terrasse der Bar. Noch waren keine Gäste da. Der Mann nahm einen Quilt von einer Bank.

„Ein sinnvolles Leben ist wie ein Quilt. Es besteht aus vielen Teilen, die gemeinsam eine richtig gute Decke ergeben.“

Wieder musste ich an die Pilotin denken, die meiner Großmutter so ähnlich gesehen hatte.

„Ich habe gehört, normalerweise fliegt eine ziemlich kräftige Frau das Flugzeug hierher“, sagte ich. „Auf unserem Flug war es jemand anders.“

„Ach?“ Der Mann hob die Augenbrauen. „Tatsächlich? Als wir zur Maschine gegangen und eingestiegen sind, habe ich nicht darauf geachtet. Ich dachte, es wäre dieselbe Pilotin wie immer.“

„Wie viele Passagiere waren eigentlich an Bord?“, fragte ich.

„Mit dir vier.“

„War da kein Kind?“

„Nein. Das hast du schon einmal gefragt. Wir waren zu viert. Meine Frau und ich und die junge Schneiderin. Und du.“

„Ich habe meinem Mann gesagt, er soll sich zu dir nach vorne setzen", erklärte sie. „In der ersten Reihe sitzen immer Urlauber. Er sollte dich beruhigen, als wir durch die Gewitterfront geflogen sind."

Ein paar Leute betraten die Bar. Sie mussten schon öfter hier gewesen sein, denn sie wurden wie alte Bekannte begrüßt.

„Meint ihr, die Straße zur anderen Seite der Insel ist wieder befahrbar?", fragte ich.

„Vielleicht, aber eher erst morgen", lautete die enttäuschende Antwort.

„Komm wieder, du bist immer willkommen", versicherten mir die beiden, als ich aufbrechen wollte.

„Vielleicht komme ich morgen noch einmal. Wenn ich in meinem Haus bin, habe ich kein Auto."

„Es leiht dir sicher jemand eins. Frag einfach", riet mir der Mann. „Und am besten lädst du die Leute gleich ein, mitzukommen. Du wirst sehen, sie nehmen gerne an."

Ich versprach, es zu versuchen, auch wenn mir der Vorschlag ein wenig verrückt erschien. Auf dem Rückweg ließ ich mir Zeit. Der Sonnenhut schützte meinen Kopf. Arme und Beine hatte ich so dick eingecremt, dass die Sonnenmilch nicht einmal überall eingezogen war. Ich musste aussehen wie ein Donut mit Zuckerguss.

Was sollte ich mir also wünschen? Jetzt und für die nächsten Jahre? Ich überlegte, weil ich mit den Tagen durcheinanderkam. Mir wollte das heutige Datum nicht einfallen. Als ich nachrechnete, kam ich darauf, dass mein Geburtstag schon morgen war.

Nun hatte ich die Gelegenheit, die wundersame Kraft dieses Strandes auszuprobieren. Aber welchen Wunsch sollte ich dafür wählen?

Es hatte mir niemand verraten, ob es eine bestimmte Menge an Wünschen gab, die man hier äußern konnte, mein Gefühl aber sagte mir, dass es sich um etwas wirklich Wichtiges und Großes handeln musste.

Im Kopf ging ich jeden Bereich meines Lebens durch. Zu jedem hatte ich eine Idee, was ich verbessern wollte und was ich mir dazu wünschen konnte.

Schlagartig wurde mir bewusst, welcher Wunsch allen meinen Überlegungen zugrunde lag. Den Blick gesenkt ging ich über den Strand und suchte nach einem Stein, der mir geeignet erschien. Schließlich entschied ich mich für einen rötlichen Kiesel mit einem gelben Streifen, der vom Meer rund und glatt geschliffen worden war.

Als ich ausholte, um ihn zu werfen, rief jemand nach mir.

26

„Warte! Moment!"

Ich drehte mich um und sah, dass der Barbesitzer auf mich zulief. Für sein Gewicht war er schnell und behände. „Mir ist noch etwas eingefallen, das ich dir auf dem Flug vergessen habe, zu erzählen."

„Hat es mit dem Beinahe-Absturz zu tun?"

Er nickte. „Ich war auf diesem Flug damals schlecht gelaunt. Ich war zu dieser Zeit oft wütend, enttäuscht, sauer oder alles drei zusammen."

„Weshalb? Dein Leben hört sich so perfekt an."

„Nein, nein. Es ist gut. Und mit jedem Jahr haben meine Frau und ich dazugelernt. Das macht das Leben besser. Damals aber wollte ich Assistent eines Fußballtrainers werden und war sicher, die Stelle zu bekommen. Doch ich wurde nicht genommen. Ich wollte, dass mein Schulteam zur Meisterschaft antritt, und war sicher, wir würden es schaffen. Aber es sollte nicht sein. Ich hatte in alles, was ich tat, hohe Erwartungen gesetzt."

„Das ist doch gut", sagte ich. „Muss man nicht hohe Erwartungen haben, um etwas zu erreichen?"

„Nein." Er schüttelte den Kopf, als hätte ich etwas völlig Abwegiges gesagt. „Wir müssen unser Bestes geben. Darauf kommt es an."

„Wenn ich das tue, kann ich mir doch auch Erfolg erwarten."

„Seit dem Zwischenfall auf dem Flug weiß ich, womit ich Erwartung vergleichen kann."

„Mit einer Panne?"

„Mit einem Absturz im Leben."

„Aber Erwartungen erfüllen sich doch auch."

Der Mann lächelte. „Ab und zu. Oft aber sind sie zu hoch, dann setzt es Enttäuschungen, obwohl das, was wir erreichen, in den Augen anderer ein Erfolg wäre."

„Wir können doch nicht einfach nur vor uns hin arbeiten und warten, was geschieht."

„Ziele sind wichtig", stimmte mir der Mann zu. „Und ein Plan, welche Schritte wir setzen müssen, um sie zu erreichen. Und am wichtigsten ist die Entscheidung, welchen Schritt man als ersten setzt, welchen danach und so immer weiter."

„Erwartungen sind keine Ziele?", fragte ich.

„Nein. Sie sind Wünsche, was geschehen soll. Wenn die Wünsche aber nicht in Erfüllung gehen, sind wir enttäuscht. Das kostet Kraft. Keine Erwartungen, keine Enttäuschungen. Klare Ziele, klare Richtung. Jeder Schritt ein kleiner Erfolg."

Ich musste an die Kryptowährungen denken und an die Erwartungen, die ich in sie gesetzt hatte. Ich hatte, wie viele andere, gedacht, der Kurs würde ewig steigen. Ich hatte es erwartet. Dabei gab es dafür keine Garantie.

Ich hatte kein Ziel verfolgt, sondern war nur gierig nach mehr Geld gewesen. Zu einem Zeitpunkt hätte ich den Kredit für meine Wohnung zurückzahlen können, wenn ich meine Coins verkauft hätte. Doch ich hatte mich von meinen Erwartungen blenden lassen, als müssten sie Wirklichkeit werden.

Und ich war abgestürzt.

„Nun wünsche ich dir was", sagte er zum Abschied und lachte über das Wortspiel.

Ich winkte ihm hinterher. Er drehte sich mehrere Male um und winkte zurück.

In meiner Hand lag noch immer der rötliche Kiesel. Meine Finger glitten über die glatte Oberfläche. Ich schloss die Augen und dachte fest an meinen Wunsch. Dann holte ich weit aus und schleuderte den Stein in die Wellen, so weit ich nur konnte.

Es spritzte, als er aufklatschte und versank.

Ich hatte übersehen, dass eine ziemlich hohe Welle auf mich zurollte. Sie kippte mich nach hinten. Als ich aufstand, war ich völlig durchnässt. Wieder einmal.

Ich sah es als gutes Zeichen.

27

Endlich war es so weit. In dem klapprigen Pick-up trat ich die Fahrt zum Ziel meiner Reise an.

Es war ein strahlender Morgen, am Himmel war keine einzige Wolke zu sehen. Meinen Gastgebern hatte ich nichts von meinem Geburtstag verraten. Ich wollte keine Gratulationen. Sie sollten sich zu nichts verpflichtet fühlen. Außerdem war ich mir nicht im Klaren, ob die runde Zahl ein Grund zur Freude war oder mich bedenklich stimmen sollte.

Die Straße war schlecht und voller Schlaglöcher. Wir kamen nur langsam voran, da noch immer tiefe Pfützen standen, die umfahren werden mussten.

An einigen Stellen verlief die Straße direkt am Strand, an anderen stieg sie an und führte uns auf hohe Klippen. Das Grün der Palmen und Büsche war überall saftig. Auf der Insel erstreckte sich ein langer Hügelkamm, über den es keine Abkürzung gab. Er musste umrundet werden.

Vier Versuche hatte ich gestartet, die Liebe meines Lebens zu erreichen. Viermal war ich auf die Mobilbox gekommen. Die Erwartung, die vertraute Stimme zu hören, konnte ich in mir nicht abtöten. Meine Enttäuschung wuchs daher und schmerzte mich.

Wir erreichten das Dorf, in dem mein Heim für die nächsten sechs Wochen lag, erst am frühen Abend. Auf meinem Handy gingen einige Nachrichten mit Geburtstagswünschen ein.

Ich hatte das Haus von einer Frau gemietet. Sie besaß den örtlichen Supermarkt, der bestimmt der kleinste war, den ich jemals gesehen hatte. Sie grüßte mich überschwänglich und betonte, wie froh sie war, dass ich gut angekommen war. Mitkommen konnte sie nicht, da ihr Laden bis 22 Uhr geöffnet hatte und sie ihn allein führte. Sie händigte mir einen Schlüssel aus und meinte, ich würde mich zurechtfinden. Sie käme am nächsten Tag vorbei.

Am Schlüssel baumelte ein geschnitzter Delfin als Anhänger. Delfine zählten zu meinen Lieblingstieren und ich sammelte, seit ich ein Kind war, kleine Figuren der Tiere.

„Gibt es diesen Anhänger hier zu kaufen?", wollte ich wissen.

Sie verneinte.

„Woher haben Sie ihn?"

„Den hat mal ein Gast hiergelassen."

Ich beschloss, einen anderen Anhänger zu besorgen und bei meiner Abreise einen Tausch vorzuschlagen.

Zehn Minuten später setzte mich der Mann vor „meinem" Haus ab. Es gab eine kurze Umarmung zum Abschied.

„Brauchst du etwas? Soll ich mit dir ins Haus mitkommen?", bot er mir an.

Dankend lehnte ich ab. Diesen Moment wollte ich allein erleben und hoffentlich auch genießen.

Das Haus war zitronengelb gestrichen, Tür, Fensterrahmen und Fensterläden in Weiß. Die Tür war nicht abgesperrt, was mich erstaunte. Auf dieser Insel schienen die Menschen einander zu vertrauen. Der

140

Eingang führte direkt in ein geräumiges Wohnzimmer mit einer Reihe an Fenstern, durch die ich bis zum Meer blicken konnte.

Die Sonne musste bald untergehen. Ich wollte am Strand sitzen und mit mir selbst ein bisschen feiern.

Es war die richtige Entscheidung gewesen, dieses Haus zu mieten. Das war mir von dem Augenblick an klar, als ich meinen Fuß hineinsetzte.

Es roch nicht fremd, nach Putzmitteln oder einem Raumduft, sondern vertraut.

Als ich mich umsah, bekam ich das Gefühl, hier schon einmal gewesen zu sein. Wie war das möglich?

Neben dem Wohnzimmer befanden sich eine Küche und ein Badezimmer, beides blitzblank und geschmackvoll eingerichtet. Auf der anderen Seite fand ich das Schlafzimmer mit einem Doppelbett, über dem, wie ein Zelt, ein Moskitonetz hing.

Eine Treppe führte nach oben, wo noch zwei weitere kleine Zimmer sein sollten. Ich würde sie mir später ansehen. Der Sonnenuntergang war mir wichtiger.

Ich wollte nur noch schnell mein Handy mit dem WLAN verbinden. Das Passwort stand auf einem Zettel in der Küche. Es lautete 0000. Ich tippte es ein und wartete.

Nachrichten und jede Menge E-Mails. Ich überflog die Absender. Der Name, auf den ich gehofft hatte, war nicht darunter. Mit einem tiefen Seufzen legte ich das Handy auf den Küchentisch.

Im Kühlschrank fand ich eine Flasche Champagner. Wie großzügig von meiner Vermieterin, dachte ich. Passende Gläser gab es nicht dazu. Ich würde den Champagner aus einem Wasserglas trinken müssen.

Mit Flasche und Glas in der Hand verließ ich das Haus. Laut Beschreibung lagen die nächsten Häuser ein gutes Stück entfernt, ich hatte den Strand für mich allein.

Nahe am Wasser stand ein quadratischer kleiner Holztisch windschief im Sand, links und rechts davon zwei grobe Holzstühle.

Die Sonne sank im Westen dem Horizont entgegen, es würde aber sicherlich noch eine halbe Stunde dauern, bis sie ganz verschwunden war. Sie trug bereits einen leichten kupferroten Farbton.

Ich drehte den Draht auf, der den Korken im Flaschenhals des Champagners hielt. Mit einem lauten Knall sauste der Korken in die Luft und Schaum quoll heraus. Um keinen Tropfen des besonderen Getränks zu vergeuden, leckte ich ihn ab. Die Bläschen prickelten auf meiner Zunge.

Ich konnte mein Glas nur vorsichtig füllen, da der Champagner heftig schäumte. Als ich drei Finger breit eingeschenkt hatte, nahm ich es hoch, hielt es Richtung Sonne und rief: „Prost!"

„Und alles Gute zum Geburtstag", sagte jemand hinter mir.

28

Die Stimme erkannte ich sofort. Ich drehte mich um und fragte eine Spur zu heftig: „Was machst du denn hier?"

„Ich kann wieder abreisen."

„Nein. Aber ..."

Der Mensch, den ich so vermisst, nach dem ich mich so sehr gesehnt hatte, stand vor mir und lachte mich an.

„Dein Handy war abgeschaltet", sagte ich vorwurfsvoll.

„Damit du nicht bemerkst, dass ich hier bin."

Mir fielen die kleinen Kissen auf dem Sofa ein. Sie waren zu beiden Seiten aufgetürmt, wie ich das in meiner Wohnung immer machte.

Der Geruch! Es waren Duftstäbchen, die auch ich besaß.

„Du hast hier alles hergerichtet."

Die Antwort war ein stilles Lächeln.

Deshalb war mir das Haus sofort so vertraut vorgekommen.

„Aber wieso bist du gekommen? Du wolltest doch gar nicht. Du hast doch beruflich …"

Ein Finger wurde auf meine Lippen gelegt.

„Man kann seine Meinung ändern, umbuchen, planen. Und daraus eine Überraschung werden lassen."

„Ich hole noch ein Glas", sagte ich, doch bevor ich aufstehen konnte, wurde mir bereits eines vor die Nase gehalten.

„Der Champagner hat sich noch nicht beruhigen können. Er ist auf der Reise durchgeschüttelt worden."

„Aber es gab gar keine Flüge", sagte ich. „Wie bist du hergekommen?"

„Einen Tag vor dir. Also vor deiner geplanten Ankunft. Als du nicht aufgetaucht bist, hat mir die

Vermieterin erklärt, dass du wohl noch auf der anderen Seite der Insel feststeckst. So hatte ich genug Zeit, hier alles vorzubereiten."

Wir setzten uns in den warmen Sand, lehnten uns aneinander und ließen uns von der untergehenden Abendsonne bescheinen.

„Deine Mutter sagt immer, man müsse im Leben mit allem rechnen", hörte ich meinen Lieblingsmenschen neben mir sagen.

„Wie kommst du jetzt auf meine Mutter?"

„Wo sie recht hat, hat sie recht."

Sie hatte aber nicht recht. Das war mir in den letzten Tagen immer klarer geworden.

„Man muss im Leben mit allem rechnen …", wurde der Satz erneut begonnen.

Ich winkte ab. „Nein, es kommt nicht immer alles schlecht."

„Lass mich ausreden. Man muss mit allem rechnen. Vor allem mit dem Guten und dem Schönen. Das wollte ich sagen."

29

Nachdem die Sonne hinter dem Horizont verschwunden war, brach, wie in dieser Gegend üblich, die Dunkelheit schnell herein. Wir kehrten ins Haus zurück.

Ein Geburtstagsessen wurde für mich gekocht. Ich bot an, zu helfen, wurde aber auf das Sofa verwiesen.

Als aus der Küche ein wunderbarer Duft drang, bekam ich eine weitere Überraschung, mit der ich nicht gerechnet hatte.

„Das soll ich dir von deiner Mutter geben. Ich habe sie in meinen Plan eingeweiht und sie hat die Idee gutgeheißen."

Der Umschlag, der mir gereicht wurde, war vergilbt. Hatte meine Mutter keine schönere Karte für meinen Geburtstag gefunden?

Als Nächstes wurde mir ein Messer entgegengehalten, da der Umschlag zugeklebt war. Ohne große Begeisterung schnitt ich ihn auf.

Es war keine Karte. Es war ein Brief.

Als ich ihn auffaltete, erkannte ich sofort, dass es nicht die Handschrift meiner Mutter war. Ich hatte diese Schrift noch nie gesehen. Der Brief bestand aus zwei Blättern, die ich auseinanderzog, um die Unterschrift zu sehen.

Ich ließ mich nach hinten in die Kissen sinken und legte den Brief weg. Ich konnte nicht zu lesen beginnen.

„Hat sie dir gesagt, von wem der ist?", wollte ich wissen und bekam ein Nicken als Antwort. „Hat sie sonst etwas dazu gesagt?" Diesmal ein Kopfschütteln.

Ich musste mit meiner Mutter sprechen. Da ich WLAN hatte, konnte ich sie über das Internet anrufen. Sie hob sofort ab.

„Alles Gute und viel Gesundheit", sagte sie. „Und ich wünsche dir, dass du weiterkommst im Leben", fügte sie hinzu.

„Wo kommt der Brief auf einmal her?", fragte ich.

Langes Schweigen am anderen Ende. Schließlich begann meine Mutter zu reden. Sie hatte Mühe, Worte zu finden, und sprach langsam.

„Fünf Jahre nach dem Unglück wurde das Krankenhaus, in dem dein Vater in Afrika gearbeitet hatte, umgebaut. Im Zimmer, das ihm als Büro und oft auch als Schlafraum gedient hatte, wurden die Möbel entfernt. Dabei hat man eine Mappe gefunden. Sie enthielt einige Papiere und zwei Briefe. Einer war an mich gerichtet, der andere an dich."

Ich ging im Wohnzimmer auf und ab. Stillstehen konnte ich nicht.

„Was stand in deinem Brief?", fragte ich.

„Darüber will ich nicht sprechen. Er hat ihn geschrieben, als das Krankenhaus besetzt wurde. Ich ..." Sie stockte und ich hörte, wie meine Mutter mit den Tränen kämpfte. „Ich habe auf jeden Fall einiges besser verstanden."

„Was verstanden?"

„Ich bin sicher, du wirst es auch verstehen, wenn du deinen Brief liest."

„Wieso bekomme ich ihn erst jetzt? Wieso hast du ihn so lange zurückgehalten?"

Eine Hand wurde mir beruhigend auf den Arm gelegt. Erst da bemerkte ich, dass ich fast geschrien hatte.

„Er hat es so gewollt. Ich sollte dir den Brief geben, wenn ich fand, dass die Zeit dafür reif war. Den genauen Zeitpunkt überließ er mir."

In mir tobten verschiedene Gefühle, die ich nur schwer einordnen konnte.

„Ich habe nichts Falsches getan und dir auch nichts verheimlicht", verteidigte sich meine Mutter.

Das glaubte ich ihr sogar. Ich wollte sie nicht in Verlegenheit bringen.

Um das Thema zu wechseln, fragte ich: „Oma, also Papas Mama, sie war doch verheiratet, oder nicht?"

„Natürlich."

„Aber ich habe Opa nie kennengelernt."

„Er ist ein Jahr vor deiner Geburt verunglückt."

„Wieso hast du mir das nie erzählt?"

„Das habe ich. Du warst damals in der zweiten oder dritten Klasse. Du hast mir Fragen über deine Großeltern gestellt. Aber wenn ich sie beantwortet habe, hast du dir oft die Ohren zugehalten. Ich fand es wichtig, dass du mehr über sie weißt. Du hast mir aber immer nur halb zugehört oder bist weggelaufen."

Ich hatte keine Erinnerung daran.

„Wie ist Papas Vater verunglückt?"

„Bei seinem Hobby, dem Bergsteigen."

Vor meinen Augen begann sich alles zu drehen. Die Pilotin hatte nicht nur meiner Großmutter ähnlich gesehen, sondern auch ihren Mann beim Bergsteigen verloren.

Oder hatte es diese Pilotin nie gegeben? Hatte ich sie mir nur eingebildet?

Wieder legte sich eine Hand beruhigend auf meine Schulter.

„Alles in Ordnung? Du wankst. Zu viel Champagner?"

Ich schüttelte langsam den Kopf und verabschiedete mich von meiner Mutter.

„Wir essen in fünf Minuten."

Das war mir recht, auch wenn ich im Augenblick keinen Hunger hatte. Ich brauchte Zeit, bevor ich den Brief würde lesen können.

30

Nach dem Essen hielt ich es nicht mehr aus. Meine Neugier war zu groß.

Neben der Tür, die vom Wohnzimmer auf den Strand führte, stand eine Laterne mit einer halb abgebrannten Kerze. Ich zündete sie an.

„Ich setze mich ans Wasser, um den zu lesen", sagte ich, erhielt jedoch keine Reaktion.

Aus der Küche war nur das Klappern des Geschirrs zu hören, das gerade abgewaschen wurde.

„Danke für das großartige Essen!", rief ich laut. „Ich bin am Strand und lese den Brief."

„Soll ich nachkommen?"

„Lass mir ein bisschen Zeit, bitte."

„Natürlich."

Ich rückte den Holztisch im Sand gerade und stellte die Laterne darauf. Den Stuhl zog ich näher, setzte mich und beugte mich nahe an das Licht, damit ich die Handschrift entziffern konnte. Es war nicht einfach.

An die Stimme meines Vaters konnte ich mich nur vage erinnern. Sie war tief gewesen und weich, jedenfalls war sie mir so vorgekommen. Als ich Wort für Wort las, war es, als hörte ich ihn zu mir sprechen.

Der erste Teil des Briefes war eine Erklärung seines Entschlusses, der Hilfsorganisation als Arzt beizutreten.

Er hatte beim Abschluss seines Studiums einen Eid geschworen, Leben zu retten. Im Krankenhaus war er sehr angesehen und an einigen Tagen der Woche hatte er in der Praxis einer Kollegin gearbeitet. Das aber war ihm nicht genug gewesen. Er hatte eines Tages gefühlt, dass er Menschen helfen wollte, die seine Hilfe noch dringender benötigten. Daher war er zu seiner Mission aufgebrochen.

Weiter schrieb er:

Nun, da das Krankenhaus in den Händen von bewaffneten Männern liegt, bin ich froh, dass du und deine Mutter nicht mitgekommen seid. Ich hätte mir nie verzeihen können, euch in Gefahr zu bringen.

Ich lasse es mir nicht anmerken, aber ich habe Angst. Wir hören immer wieder Schusswechsel. Sie kommen näher. Die Furcht der Menschen, die wir behandeln, und des medizinischen Personals ist genauso groß wie meine. Doch wenn ich arbeite oder andere beruhige, so trägt das auch ein wenig zu meiner Beruhigung bei.

Ich weiß, dass vonseiten der Organisation, für die ich arbeite, alles getan wird, um uns auszufliegen. Derzeit aber ist das Verlassen des Krankenhauses nicht möglich.

Nichts wünsche ich mir mehr, als zu euch nach Hause zu kommen, euch wieder im Arm zu halten und euch zu sagen, wie lieb ich euch habe.

Da es für uns keine Verbindung nach außen gibt, schreibe ich diesen Brief. Ich hoffe aus ganzem Herzen, ihn dir eines Tages zeigen zu können und dir, wenn du es möchtest, von dieser Zeit zu erzählen.

Wenn das Schicksal es aber anders will und ich nicht zurückkehre, dann sollst du diesen Brief zu lesen bekommen. Den Zeitpunkt dafür wird deine Mutter bestimmen, die dich am besten kennt.

Auch wenn du noch so klein bist, während ich diese Zeilen schreibe, glaube ich aus tiefstem Herzen an dich. Ich weiß, aus dir wird ein Mensch, der sich dem Leben stellt.

Frag nicht, wieso ich sicher bin, dass es so sein wird. Das Wieso spielt keine Rolle. Ich weiß es. Denke einfach nur daran, wenn du dich einmal unsicher fühlst.

Dein Papa glaubt an dich.

Ich bin so dankbar für dich und für meine wunderbare Frau, die dich zur Welt gebracht hat. Ich bin dankbar für den Beruf, den ich ergreifen konnte und der mich so sehr erfüllt. Dankbar bin ich für all die Menschen, die mich begleitet und unterstützt haben, und für jeden Tag, den ich leben darf.

Das Leben ist ein Geschenk. Vieles, das wir für selbstverständlich halten, ist es nicht. Ich habe gelernt, dass Dankbarkeit vor allen Wünschen kommt.

Nicht an der Zahl deiner Wünsche sollst du dein Leben messen, sondern an der Größe deiner Dankbarkeit für alles, was dich schon umgibt.

Viele konnten nicht verstehen, wieso ich mich als Arzt in dieses Land begeben wollte. Ihnen habe ich erklärt, dass ich meine Entscheidungen mit Herz, Hirn und Verstand treffe. Denken ist wichtig, der Verstand kann ein guter Entscheidungshelfer sein. Dein Herz aber hat mitzureden.

Ich habe Entscheidungen getroffen, die im ersten Moment richtig wirkten. Manche von ihnen haben sich später als falsch herausgestellt. Das ist nicht zu vermeiden. Eines aber kann ich sagen: Ich habe alle nach bestem Wissen und Gewissen gefällt.

Ich bin kein unverantwortliches Risiko eingegangen, da schon vor mir ein großes Team an Medizinern in diesem Land erfolgreich tätig war. Nun, da ein Fall eingetreten ist, den niemand vorhergesehen hatte, muss ich einsehen, dass es nie eine Garantie für das gibt, was man sich vornimmt oder erhofft.

Ich habe die Aufgabe hier in Afrika angenommen, weil ich wusste, dass ich sie auf meine Art erfüllen und Menschen ein besseres Leben geben kann.

Schon mein Vater, dein Großvater, hat mir immer eingeschärft, mein Leben nicht von anderen leben zu lassen, sondern es selbst zu bestimmen. Dafür aber musste ich die Verantwortung übernehmen, was nicht immer einfach war.

Der beste Rat, den mir mein Vater gegeben hat, lautet: „Steh auf, wenn du fällst. Akzeptiere, dass das Leben wie die Linie des Herzschlagmessers ist: ein ständiges Auf und Ab."

Arzt zu sein und heilen zu können, erfüllt mich. Erfüllung im Leben kann dir niemand geben. Man kann aber alles daransetzen, herauszufinden, was Erfüllung für einen bedeutet. Wichtig dabei ist, an seine Fähigkeiten zu glauben, was auch immer sie sind.

Nicht immer einfach, das gebe ich zu.

Für dich, als mein Kind, wünsche ich mir vor allem eines: dass du, was immer du für eine Tätigkeit im Leben wählst, sie mit Freude tust.

Dein Weg ist dann gut, wenn es dein eigener ist. Die Schritte werden vielleicht beschwerlich sein, doch das macht nichts, solange du sie gerne setzt.

Ich glaube an dich.
Ich liebe dich.
Meine Liebe ist immer bei dir.
Liebe stirbt nie.
Papa

31

Die Tage verstrichen in einer angenehm trägen und gleichförmigen Weise. Wir genossen die Wärme, Spaziergänge am Strand, das Schwimmen und die Ferne von unserem Alltag.

Eines der Notizbücher, die ich mitgebracht hatte, diente als Tagebuch, in dem ich meine Gedanken niederschrieb. Ein anderes war meine „Traumwerkstatt", wie ich es nannte. Ich listete Ziele auf, strich manche wieder weg, notierte mögliche Schritte zur Umsetzung und traute mich auch, gewagte, ungewöhnliche Ideen aufzuschreiben.

Obwohl wir zwei schon drei Jahre zusammen waren, erkannten wir, dass unsere Vertrautheit und Nähe noch viel Platz zum Wachsen hatten. Wir waren beide gerne bereit, ihn uns zu geben.

Was mir nicht aus dem Kopf ging, war das Kind, dem ich erst im Flugzeug und später am Strand begegnet war. Vor allem das Bild meines älteren Ichs, das mein junges Ich an der Hand führte, tauchte immer wieder vor mir auf.

„Ich kann mir das doch nur eingebildet haben", sagte ich eines Abends, als wir unter den Palmen saßen und dem Rascheln der Blätter im Wind lauschten. „Aber ich war hellwach. Jedenfalls bei meinem Spaziergang am Strand. Im Flugzeug bin ich mir nicht mehr sicher."

„Erinnerst du dich an den Film, den wir vor ein paar Monaten gesehen haben? Es war ein alter Film und wir fanden ihn beide zuerst nicht gut."

„Welchen Film meinst du?"

„Es ging um einen Mann und seine Probleme im Leben. Seine Ungeduld mit anderen, seine scheinbare Unfähigkeit, zu lieben."

Ja, dunkel konnte ich mich erinnern. Ich hatte ihn allerdings zur Seite geschoben, weil er mich so eigenartig berührt hatte.

„Der Film handelte von dem Kind, das die Hauptfigur einmal gewesen ist, und von den Verletzungen, die es damals davongetragen hat. Er ist seinem eigenen Kind begegnet, ich meine dem Kind, das er war."

Ich nickte langsam. Das Ende des Films hatte mir gefallen. Der Erwachsene hatte gemeinsam mit dem Kind herausgefunden, was damals so verletzend gewesen war. Er hatte das Kind getröstet. Es war daraufhin verschwunden. Er aber hatte endlich Frieden in sich finden können und sogar sein älteres Ich gesehen, das eine Familie hatte und zufrieden wirkte.

Das Kind, das ich einmal war, an der Hand führen. Die Vorstellung fiel mir schwer. Ich bat meine Mutter, mir nun doch einige Kinderfotos von mir zu schicken. Ich sah sie nicht nur an. Ich begann, mit meinem jüngeren Ich, das darauf zu sehen war, zu sprechen.

Ich redete mit dem Kind, das ich einmal war, über damals, als meine Mutter nicht mitansehen wollte, wie traurig ich über den Verlust meines Vaters war. Als sie ständig an mir herumnörgelte und verlangte, ich möge mich zusammenreißen.

Es wurde mir immer stärker bewusst, dass ich meiner Mutter verzeihen musste. Aber so sehr ich es auch versuchte, ich verspürte nicht das erleichternde Gefühl, das ich mir erhofft hatte.

Bei einem unserer Gespräche während des Sonnenuntergangs fragte ich, ob auch der liebe Mensch, der mir an diesem Abend gegenübersaß, Probleme mit dem Verzeihen hätte.

Die Antwort überraschte mich.

„Nicht, wenn ich es will."

Da wurde mir klar, dass es meine Vorstellung gewesen war, meiner Mutter verzeihen zu müssen. Aber wollte ich es wirklich?

Wir prosteten uns zu, diesmal mit frischen Kokosnüssen, in denen Strohhalme steckten.

„Manchmal ist es einfacher, zornig und sauer zu bleiben", sagte mein Gegenüber mehr zu sich selbst. Laut wurde der Gedanke dann wiederholt.

„Ich glaube, so ist es bei mir mit meiner Mutter", erwiderte ich.

„Nur du kannst das ändern."

Das war richtig. Und irgendwann wollte ich es auch. Der Moment würde kommen. Ich konnte es fühlen. Er war noch nicht da, aber die Vorahnung von ihm tat gut.

32

Noch drei Wochen.

Noch eine Woche.

Noch drei Tage.

Schließlich stand der Pick-up vor der Tür, um uns auf die andere Seite der Insel zu bringen. Wir würden eine Nacht in dem kleinen Hotel verbringen und am nächsten Nachmittag die Heimreise antreten.

Als ich der Vermieterin den Schlüssel zurückgab, bat ich sie um den geschnitzten Delfin als Souvenir.

„Aber der gehört doch gar nicht mir. Bedanken Sie sich bei diesem lieben Menschen, der ihn mitgebracht hat, um Sie zu überraschen."

Ich hätte es mir denken können.

Die Rückfahrt erschien mir kürzer als die Hinfahrt. Im Hotel wurden wir beide herzlich begrüßt. An diesem Abend lud ich meine Gastgeber in die Bar am Strand ein. Ich wollte mich auch dort verabschieden.

So saßen wir also in der Bar und ließen uns wieder den Curry-Eintopf schmecken. Mit Rumpunsch stießen wir an. Die Besitzer verbrachten jede freie Minute an unserem Tisch.

Es war schon fast Mitternacht, als wir mit Taschenlampen ausgerüstet aufbrachen. Die Verabschiedung war von unglaublicher Herzlichkeit und tränenreich.

Wir waren schon ein Stück gegangen, als uns der Barbesitzer nachgelaufen kam. Wieder staunte ich über seine Leichtfüßigkeit, die seine Leibesfülle nicht vermuten ließ.

Er trat zu mir und raunte mir ins Ohr.

„Nicht vergessen, du musst dir noch etwas wünschen, solange du am Strand bist. Er heißt doch nicht umsonst Strand der Wünsche."

Ich deutete den anderen, vorzugehen.

„Ich habe mir schon vor sechs Wochen etwas gewünscht."

„Und? Ist der Wunsch in Erfüllung gegangen? Oder ist es ein längerfristiger Wunsch?" Etwas verlegen blickte er mich an. „Verzeih meine Neugier."

„Ist schon in Ordnung."

„Verrätst du es mir?"

Ich überlegte kurz. „Falls sich Teile davon noch nicht erfüllt haben, kann ich dann überhaupt von dem Wunsch erzählen? Soll ich ihn nicht besser für mich behalten?"

„Mir kannst du alles sagen", versicherte er mir.

„Ich habe mir mehr Klarheit gewünscht, wie ich das in meinem Leben finden kann, was viele Erfüllung nennen. Das Wort allein fühlt sich für mich gut an."

„Und du hast sie hier gefunden?"

„Einiges davon sicherlich. Ich wollte mir noch wünschen, dass es so weitergeht. Schritt für Schritt."

„Dann will ich dich nicht länger aufhalten."

„Warte, ich muss dich noch was fragen."

Er hob die Augenbrauen.

„Du hast die Insel auf dem Flug ‚Kraftplatz' genannt", sagte ich. „Was bedeutet das? Ist sie ein Platz, der einem Menschen Kraft verleihen kann?"

„Vielleicht. Aber vor allem muss es hier sehr besondere Kräfte geben."

„Wie meinst du das?"

„Es kommen immer wieder Leute in unsere Bar, die davon erzählen, Menschen begegnet zu sein, die gar nicht hier sein konnten. Manche berichteten von freundlichen Schatten, die sie begleitet haben. Andere von Stimmen, die ihnen Wichtiges einflüsterten."

„Menschen, die gar nicht hier sein konnten?", wiederholte ich. „Menschen, die vielleicht gar nicht mehr leben?"

„Ja, davon hat jemand gesprochen."

„Kann ich auch schon vor dem Flug mit einem Menschen gesprochen haben, den ich sehr geliebt habe, der aber schon lange tot ist?"

„Wieso fragst du das?"

Ich schilderte die Begegnung mit der Pilotin, die große Ähnlichkeit mit meiner Großmutter besessen hatte. „Aber scheinbar konnte nur ich sie sehen und mit ihr sprechen."

„War es ein gutes Gespräch?"

„Ein sehr gutes. Sie hat mir mit meiner Angst geholfen."

Der Barbesitzer deutete um sich. „Die Kräfte der Insel können sicher auch in die Ferne strahlen."

„Das Kind neben mir ... Es ist mir auf der Insel noch einmal begegnet, mit meinem älteren Ich."

„Hat die Begegnung etwas Gutes gebracht?"

Ich atmete tief durch und fühlte den neuen Frieden in mir. „Ja, das hat sie."

„Dann bedanke dich bei der Insel."

„Aber muss es für all das nicht eine logische Erklärung geben?"

„Nein. Weil es unwichtig ist, auf welche Weise diese Begegnungen geschehen konnten. Wichtig ist doch nur, dass sie passiert sind."

Als ich schwieg, legte mir der Mann die Hand auf die Schulter. „Ich muss zurück. Gute Heimreise."

„Danke. Für alles."

„Nichts zu danken."

Nachdem er gegangen war, leuchtete ich den Boden rund um meine Füße ab. Bald hatte ich einen Kiesel gefunden, der mir geeignet erschien. Er war graugrün und glatt.

So stark ich nur konnte, schleuderte ich den Stein ins Meer hinaus. Ich konnte in der Dunkelheit das leise Platschen hören, als er auf das Wasser traf.

Ich schloss die Augen und wünschte mir, irgendwann auf die Insel zurückzukommen. Den passenden Zeitpunkt dafür festzulegen, überließ ich der Insel. Sie würde es mich wissen lassen.

Die Vorstellung von „irgendwann" war mir im Augenblick genug …

NACHWORT

Normalerweise stelle ich mir die Menschen genau vor, für die ich meine Bücher schreibe. Ich stehe vor ihnen und erzähle.

Dieses Buch aber habe ich für mich selbst geschrieben, da ich es an verschiedenen Punkten in meinem Leben und zu verschiedenen Zeiten gerne gelesen hätte.

Ich wünsche mir, dass es vielen Menschen Richtung, Beruhigung, Haltung, Trost und Stärke geben kann.

Danke sage ich allen Menschen, die mich in meinem Leben begleitet haben und von denen ich lernen konnte. Vieles, was ich erfahren habe, steht in dieser Geschichte.

Es ist das 600. Buch, das ich verfasst habe, und die Zahl erscheint mir genauso unwirklich wie mein 60. Geburtstag, an dem es erschienen ist.

Wer auch immer die Ideen in mir auftauchen lässt, welche Kraft über oder in mir, egal wie sie heißt, ich möchte an dieser Stelle Danke sagen. Geschichten zu erzählen, ist und bleibt für mich eines der höchsten Gefühle des Lebens.

THOMAS BREZINA

Thomas Brezina wurde 1963 in Wien geboren und lebt heute in Wien und London. Seinen Beruf bezeichnet er als „Geschichtenerzähler der Freude". Seit 1990 hat er als Produzent, Moderator und Schauspieler mehr als vierzig TV-Formate gestaltet. Als Autor verfasst er Kinder- und Jugendbücher sowie Romane und Ratgeber für Erwachsene, die in mehr als 35 Sprachen übersetzt wurden. Sein 600. Buch, „Was soll ich mir wünschen, wenn ich nicht weiß, was ich will", erscheint zu seinem 60. Geburtstag. Darin möchte er weitergeben, was er in dieser Zeit gelernt hat und was sein eigenes Leben mit Freude, Glück und Zuversicht erfüllt.

@thomasbrezina
@thomasbrezina
@thomasbrezinaofficial
@Thomas Brezina
@_ThomasBrezina_

www.thomasbrezina.com

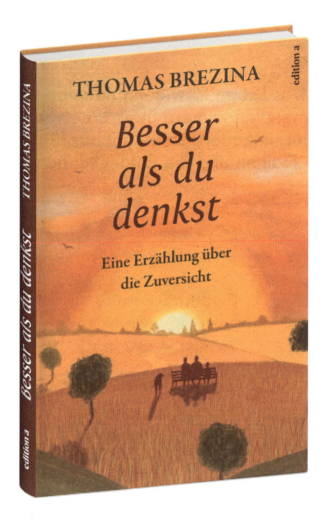

128 Seiten, € 16,-
ISBN 978-3-99001-575-9

Das Leben ist wie ein Segelboot.
Manche jammern über Wellen und
Sturm. Andere sind dankbar für die
Freiheit und die Entdeckungen.

Nick springt von einem Hochhaus.
Auf halbem Weg wird er in der Luft
von einem rätselhaften Wesen gestoppt.

Es verwickelt Nick in ein Gespräch
über die Kraft der Zuversicht.
Und Nick muss sich fragen:

Wie ist es möglich, die Welt
und sich selbst mit neuen
Augen zu sehen?